DOMINAR A BITCOIN PARA
PRINCIPIANTES

A BITCOIN, AS TECNOLOGIAS DE CRIPTOMOEDAS,

A MINERAÇÃO, O INVESTIMENTO E A NEGOCIAÇÃO

Alan T. Norman

Tradutora: Luis Eduardo Junqueira Machado

Obtenha as suas baleias bitcoin: Livro grátis

"As Pessoas Que Enganaram o Mundo"

(Detalhes no final do livro)

Copyright © Alan T. Norman Todos os direitos reservados.

Nenhuma parte desta publicação pode ser reproduzida, distribuída ou transmitida por qualquer forma ou por qualquer meio, incluindo fotocópia, gravação ou outros métodos eletrónicos ou mecânicos, ou através de qualquer sistema de armazenamento e recuperação de informações, sem a permissão prévia por escrito do editor, exceto no caso de citações breves incluídas em revisões críticas e alguns outros usos não comerciais permitidos pela legislação de direitos de autor.

ÍNDICE

Capítulo 1. O que é a Bitcoin?.. 6
    O Início.. 8
    Trata-se então de uma moeda?..13
    Sobre o custo..14
    O que é uma criptomoeda?...15
    Então, porquê a bitcoin?..16
    Aprender sobre a bitcoin 18

Capítulo 2. Compreender a Cadeia de Blocos e as Transações de Bitcoin 19
    A Cadeia de Blocos e a Bitcoin...19
    Como funciona a transação de bitcoin?..................................20
    A Cadeia de Blocos e as Transações...24

Capítulo 3. Começar a Usar Bitcoins..26
    Segurança Pessoal na Bitcoin..26
    Começar a Usar a Bitcoin 30

Capítulo 4. Onde Guardar as Bitcoins 31
    O nosso endereço bitcoin..31
    Endereços de Uso Único 32
    Criar um Endereço Bitcoin 34
    Carteiras Bitcoin 35
    Escolher a Carteira 38

    Armazenamento a Frio 48

    Carteiras Bitcoin 56

Capítulo 5. Comprar Bitcoins 57

    Principais Plataformas de Negociação Online 57

    Porquê escolher uma grande plataforma de negociação? 59

    Verificação KYC 59

    Existem motivos de preocupação? 62

    Plataforma de Negociação de Criptomoedas 62

    Uma Nota sobre Segurança na Plataforma de Negociação 63

    Ponto-a-Ponto 64

    Porquê escolher Transferências Ponto-a-Ponto? 64

    Porque não? 65

    Uma Nota sobre Segurança 65

    Comprar Bitcoin 66

Capítulo 6. Usar Bitcoins 67

    Cartões de Débito Bitcoin 69

    Usar Bitcoins 70

Capítulo 7. Investimento em Bitcoins 72

    Investimentos de longo prazo 72

    Pico do Preço 73

    Compreender as Oscilações 74

NEGOCIAÇÃO A CURTO PRAZO 77

Investimento em Bitcoin 80

Capítulo 8. Bitcoins para Negócios 82

Porquê a bitcoin? 82

Aceitação da Bitcoin 85

Processamento de Pagamento 86

Bitcoin para Negócios 90

Capítulo 9. Mineração de Bitcoins 91

O que Significa Mineração de Bitcoin? 91

Hardware de Mineração 93

Dificuldade da Mineração 97

Onde Procurar 100

Mineração de Bitcoin 101

Capítulo 10. Segurança Bitcoin 102

Nó de Bitcoin 102

O Que Pode Então Ser Pirateado? 104

O Ataque de 51% na Teoria 105

Duplo Gasto 108

Anonimato 109

Permanecer Responsável 116

Segurança Bitcoin 117

Capítulo 11. Dicas e Factos Divertidos 118

Histórias que devemos conhecer 124

Compreender as histórias em perspetiva 129
Capítulo 12. Conclusão... 130
   O Futuro da Bitcoin 132
   Conclusão 133
Sobre o Autor.. 134
Livro Bónus Baleias Bitcoin 135
Outras obras do autor 136
   Antes de terminar... 139

Capítulo 1. O que é a Bitcoin?

Se abriu este livro, é provável que já tenha ouvido falar na bitcoin.

- É possível que tenha ouvido falar nos círculos financeiros uma vez que o valor desta moeda aumentou rapidamente.
- Possivelmente, deparou-se com este assunto num contexto tecnológico, pois a bitcoin é construída sobre uma nova tecnologia designada por cadeia de blocos.
- Ou então, leu algo sobre a bitcoin na comunicação social, devido à quantidade de novos utilizadores, famosas celebridades e empresários de sucesso que começaram a utilizar esta moeda há alguns anos.

Nos últimos anos, a bitcoin passou de algo conhecido apenas por alguns *nerds* das tecnologias a uma moeda revolucionária que mudou rapidamente a forma como pensamos o conceito de dinheiro.

Aqui está uma sinopse muito básica: A bitcoin é uma moeda digital. De muitas formas, funciona como o dólar, o euro ou o iene, permitindo a transferência de valor. No entanto, a força da bitcoin está na sua rede. A tecnologia de cadeia de blocos permite que esta moeda seja descentralizada, o que significa que qualquer pessoa pode aceder e negociar no registo público da bitcoin. A sua utilização permite enviar fundos para qualquer pessoa no mundo, sem a necessidade de recorrer a grandes instituições, como bancos, conversores de moedas ou processadores de pagamentos.

Tudo ocorre na rede pública da bitcoin.

Além dos pagamentos pessoa a pessoa, os pagamentos nesta moeda são agora aceites em todo o tipo de negócios. Há uns anos, encontrar sítios que permitissem efetuar pagamentos em bitcoin era um desafio. Para sermos sinceros, nos seus primeiros dias, poderíamos ter preenchido esta página com todos os sítios onde era aceite. Agora a sua aceitação disparou.

A bitcoin tem de momento outra utilidade: o investimento. À medida que as pessoas começaram a usar cada vez mais a bitcoin, o seu preço aumentou drasticamente. Como veremos mais adiante neste livro, muitas pessoas estão a comprar esta moeda como um ativo, à espera que valorize com o tempo.

Claro, a bitcoin ainda tem os seus problemas e desafios para o seu futuro. Iremos dar uma vista de olhos em alguns destes desafios nas próximas páginas.

Neste livro, abordaremos tudo o que precisa de saber para começar a utilizar a bitcoin. Começaremos pela sua origem.

Passemos ao que interessa!

O Início

Relembremos o que se passou há uns anos. Em 2008, a crise financeira estava em pleno andamento, e pessoas de todo o mundo sentiam os efeitos do desastre económico dos Estados Unidos.

Este foi um daqueles momentos da história em que os problemas das moedas nacionais revelaram a sua força. A crise financeira americana desvalorizou o dólar e os desafios económicos do país afetaram o mundo inteiro.

Em certos momentos, parecia provável dar-se um colapso económico completo. Onde estavam aqueles que deveriam ter garantido que nada disto pudesse ter acontecido? Dizer que foram incompetentes é uma forma ligeira de caracterizar o que aconteceu.

Respostas Centralizadas

Os grandes "conhecedores" da área decidiram que a resposta poderia apenas ser dada pelo banco central. Com o intuito de combater o colapso rápido dos mercados financeiros, os governos de todo o mundo decidiram adotar uma medida designada por "flexibilização quantitativa", em que imprimiam mais dinheiro para ser injetado nas suas economias, de forma a que os seus cidadãos tivessem fundos, evitando assim outra Grande Depressão.

Este género de mudanças rápidas gerou "guerras monetárias" e os governos, de imediato, começaram a competir para serem os que praticavam os preços mais baixos, de forma a permanecerem competitivos. Quando os bancos enfrentaram problemas face ao baixo valor da moeda e cortes nas taxas de juro, os governos foram forçados a resgatá-los com dinheiro dos contribuintes. Obviamente, isto apenas desvalorizou, ainda mais, a oferta de moeda existente.

Apesar de esta ser uma visão bastante simplificada de um momento histórico complexo, a lição permanece. A manipulação da oferta de moeda pelos bancos centrais desvalorizou moedas em todo o mundo.

No final, com as taxas de juro baixas e com os regates dos contribuintes, os próprios bancos inicialmente responsáveis pelo problema financeiro, foram aqueles que beneficiaram com a economia quase em colapso. Foi nesta época que se inspirou um senhor conhecido por Satoshi Nakamoto.

Quem é Satoshi?

Antes de explicar precisamente como surgiu a bitcoin, vale a pena entender quem é Satoshi Nakamoto. A sua história e a história da sua moeda são misteriosas.

A verdadeira identidade de Satoshi permanece desconhecida até hoje. De acordo com declarações suas de 2012, tinha 37 anos e morava algures no Japão. No entanto existem muitas dúvidas sobre estes dados. Escreve em inglês fluente e o *software* bitcoin não está documentado em japonês, levando muitos a pensar que não seja, de facto, nipónico, embora possa lá ter morado naquela época.

Com um pouco de trabalho de detetive, um codificador suíço descobriu que Satoshi poderia estar a residir na América do Norte, tendo em consideração as alturas do dia em que fazia publicações nos fóruns da bitcoin. O codificador analisou os momentos das publicações mais comuns e constatou que estavam alinhadas com o horário médio de sono de alguém que residia no continente.

Saberemos algum dia quem é o criador desta moeda? Será um grupo de pessoas? Talvez nunca se descubra, mas uma coisa é garantida, esta pessoa, ou equipa, controla aproximadamente um milhão de bitcoins. Em junho de 2017 este valor equivalia a quase 3 biliões de dólares americanos. Com uma fortuna destas, poderiam comprar o direito à privacidade.

A Criação
Este codificador anónimo analisou o estado do mundo financeiro e detetou bastantes problemas. As formas tradicionais para a resolução da crise tinham sido tentadas e, embora tivessem funcionado, reparou que, até àquele momento, pouco tinha sido feito para prevenir futuros desastres. O que poderia ser feito? Algum tipo de solução centralizada resolveria de vez problemas como este?

Decidiu que era necessária uma força disruptiva. Algo que pudesse modificar a forma de como a moeda é pensada. A resposta foi criar um tipo de moeda completamente descentralizada e aberta a todos, sem ter bancos centrais a controlar, nem uma cadeia de transferências com um supervisor. Nenhuma elite tomaria decisões que pudessem afetar os utilizadores da sua moeda.

DESCENTRALIZAÇÃO
₿

> ***Descentralização: movimentação de departamentos de uma grande organização com um único centro administrativo, para outros locais.***

Esta descentralização foi a força motriz que impulsionou o trabalho de Satoshi. Basicamente, a descentralização significa que todos fazem parte da economia bitcoin e que todos estamos a contribuir de algum modo. NÓS somos a força motriz, e não um banco central que controla o valor da nossa moeda e quanto desta temos disponível na nossa economia. Ainda melhor, ao mesmo tempo, ninguém tem o seu controlo.

Nenhum governo, banco ou intermediário pode dizer como deve ser usada a bitcoin, uma vez que esta pertence, literalmente, a todos aqueles que a utilizam. Neste sentido, quanto mais for utilizada, melhor funciona e mais viável se torna. É desta forma que funciona a tecnologia ponto-a-ponto, sendo direcionada pelos seus utilizadores.

No verdadeiro sentido da palavra, é um mercado livre. Ouvimos falar bastante sobre mercados livres ao longo dos anos, mas nenhum mercado pode ser verdadeiramente livre quando há uma força motriz que toma decisões a seu respeito.

COMO FEZ SATOSHI

Satoshi está longe de ser a primeira pessoa a trabalhar no problema da moeda digital descentralizada. Antes de 2008, criptógrafos e codificadores já tinham trabalhado sobre esse problema, durante anos.

O desafio da descentralização é manter um registo de transações. Normalmente, quando pagamos a alguém, o banco subtrai o dinheiro da nossa conta e adiciona-o à conta do destinatário. Manter as transações registadas é a função principal de um banco.

No entanto, num sistema descentralizado, não existe um banco. Qualquer pessoa pode enviar uma solicitação de transação para a rede descentralizada. Isto torna o registo descentralizado bastante vulnerável a ataques. O registo pode ser alterado por malfeitores ou poderão gastar a moeda digital, múltiplas vezes, antes que seja constatado pela rede.

A inovação de Satoshi foi a tecnologia a que designamos por cadeia de blocos. Encontrou uma forma de manter o registo em segurança utilizando selos temporais, bastante poder de processamento descentralizado e criptografia. A bitcoin - a primeira cadeia de blocos - utiliza atualmente a arquitetura de Satoshi para garantir pagamentos.

Trata-se então de uma moeda?

Uma das dúvidas mais frequentes que as pessoas têm sobre a bitcoin é se esta realmente se trata de uma moeda.

Não há uma resposta concreta. A bitcoin é um método de pagamento e uma forma de transferência de fundos. Pode usar a bitcoin para fazer compras ou enviar pagamentos. É possível converter bitcoins em dólares, euros, libras, ienes ou em qualquer outra moeda. No entanto, não é apoiada por nenhuma instituição. Não existe um governo central que possa servir de referência e não há garantias quando se trata de possuir bitcoins. É apenas valioso devido à quantidade e ao tipo de sítios e pessoas que o aceitam.

A bitcoin é o que chamamos de moeda digital na sua forma mais pura, ou aquilo que é conhecido como criptomoeda. Esta foi a primeira criptomoeda, no entanto, atualmente, existem muitas outras. As criptomoedas operam de modo diferente das moedas tradicionais, pois são baseadas em código e não nas decisões de um banco central. Esta diferença torna-as atraentes, mas também mais voláteis.

Sobre o custo

Uma das maiores características de uma verdadeira moeda é a estabilidade do valor. Muitas pessoas argumentam que a bitcoin não é uma moeda, devido à volatilidade do seu valor. O preço da bitcoin tem flutuado bastante e, em algumas ocasiões, duplicou o seu valor, num curto espaço de tempo.

Por exemplo, em julho de 2010, o preço era de 0,08 dólares por bitcoin. Em dezembro de 2017 a bitcoin atingiu os 20.000 dólares. Em média, varia à volta de 2% ao dia. Trata-se de algo que não acontece com as moedas tradicionais, levando muitos a afirmar que, como moeda, é inútil. Um preço estável é o que convencerá o investimento tradicional e levará a um crescimento sustentado.

Isto importa para a bitcoin? Depende do ponto de vista. A volatilidade do preço pode ter, a curto prazo, um enorme impacto na confiança das pessoas. Pode, definitivamente, ser um problema tentar atrair alguém para o mundo das criptomoedas, quando o preço se encontra numa rápida mudança.

O segredo é olhar para o panorama de um modo global. Se estivermos interessados em fazer parte de uma mudança económica verdadeiramente revolucionária, o plano a longo prazo é o mais importante.

Neste sentido, várias pesquisas já demonstraram que a bitcoin deverá estabilizar futuramente e flutuará muito menos. Os típicos altos e baixos podem ser largamente atribuídos à quantidade de publicidade que a bitcoin recebe num determinado momento.

Existe uma grande probabilidade de os governos começarem a regular as criptomoedas nos próximos anos. Enquanto a regulamentação não for capaz de controlar moedas descentralizadas, existirá um forte efeito moderador sobre a sua quantidade e sobre a rápida variação de valorização.

O que é uma criptomoeda?

B

"Criptomoeda: moeda digital na qual são utilizadas técnicas de encriptação para regular uma geração de unidades de moeda e verificar a transferência de fundos, que operam fora do controlo de um banco central."

A definição de criptomoeda requer muita informação técnica que abordaremos detalhadamente mais adiante neste livro, no entanto vale a pena introduzir neste ponto, para possa ser mais bem entendida.

De forma simplificada, podemos dizer que as criptomoedas são linhas de código que têm valor monetário. Utilizando a criptografia, a rede descentralizada, cria novas moedas e protege transações. Alguns membros da rede descentralizada configuram computadores que processam o código. Em troca, esses nós de processador - conhecidos como mineiros - recebem uma recompensa por protegerem as transações na cadeia de blocos.

Então, porquê a bitcoin?

A bitcoin está longe de ser a única criptomoeda. No entanto, manteve sempre o seu domínio como a criptomoeda número um do mundo, ao longo dos últimos dez anos.

Existe um forte argumento, pouco justificado, que diz que a bitcoin não é a melhor criptomoeda do mundo. Surgiram novos projetos com escalabilidade, velocidade e privacidade de transação superiores. No entanto, estas novas moedas não foram capazes de destronar a bitcoin.

Parte da razão pela qual a bitcoin mantem a liderança é a sua vantagem inicial. A bitcoin foi a primeira cadeia de blocos, de sempre. De 2008 a 2013, todo o interesse que esta cadeia despertou inicialmente focou-se na bitcoin. Isto significa que a teve a maior base de utilizadores e uma seleção de ótimos programadores, para construir o sistema.

Este processo é um círculo virtuoso para a bitcoin. Por ter a maior rede, é também a que tem mais aceitação. O efeito de rede significa que quanto mais pessoas utilizarem uma determinada tecnologia, mais útil esta se torna.

Vejamos o exemplo do email. Não teria qualquer utilidade se um de nós fosse a única pessoa no mundo com um endereço eletrónico. Teria um pouco mais de utilidade se mais pessoas tivessem. Seria extremamente útil, se quase todos tivessem. A adoção da bitcoin baseia-se no mesmo princípio, pois torna-se mais útil à medida que a sua aceitação for maior.

Até ao momento, é a mais famosa das criptomoedas de hoje, em grande parte porque continua a ser a maior. A sua longa história confere-lhe alguma legitimidade.

Ao longo de uma década, enfrentou e superou muitos obstáculos e desafios técnicos, continuando sempre a crescer. O seu registo de segurança comprovado torna a compra de criptomoeda a mais segura para principiantes.

Enquanto que outras criptomoedas poderão focar-se em funcionalidades específicas, a bitcoin é uma moeda digital versátil disponível em quase todos os câmbios de *altcoin*. Neste ponto, é a moeda que tem investimentos por trás, tem a base de utilizadores, tem a segurança e o tem histórico.

Aprender sobre a bitcoin

Isto tudo é apenas o início. Ao longo deste livro, serão abordados todos os aspetos da bitcoin e serão dados conselhos reais sobre como iniciar.

Há muito a aprender. É fácil ficar atolado na minúcia da bitcoin e na forma como funciona a sua tecnologia, mas para se iniciar é necessário compreender os fundamentos. É, precisamente, o que será apresentado nas próximas páginas.

Capítulo 2. Compreender a Cadeia de Blocos e as Transações de Bitcoin

Antes de abordarmos as noções básicas da compra e armazenamento da sua primeira bitcoin, vamos examinar os fundamentos da tecnologia que faz a bitcoin funcionar - a cadeia de blocos. Recentemente, a "Cadeia de Blocos" ganhou o status de chavão para as novas *startups*. Muitas pessoas que usam o termo não têm uma ideia clara da forma como esta protege uma rede descentralizada. No final deste capítulo, entenderá o básico da cadeia de blocos, possivelmente melhor do que muitos entusiastas de criptomoedas.

A Cadeia de Blocos e a Bitcoin

Em 2008 Satoshi Nakamoto publicou pela primeira vez um *whitepaper* sobre a tecnologia bitcoin onde descreveu o sistema ponto-a-ponto que executa transações de bitcoin. Esta criptomoeda, por si, é uma ideia revolucionária, contudo, a tecnologia que a sustenta é a verdadeira inovação. A cadeia de blocos de Satoshi possibilita a criação de um registo descentralizado seguro para tudo o que for necessário, não apenas para a criptomoeda.

A cadeia de blocos da bitcoin é o registo público que contem a totalidade das transações efetuadas na história desta moeda. Como não existe um corpo governativo central ou base de dados, o registo assenta na rede composta por todos os computadores que executam o *software* bitcoin. Todos trabalham em conjunto para construir a rede.

Tudo acontece em público e encontra-se acessível a visualização do tráfego, em andamento. Este nível de transparência é quase inédito em qualquer outro sistema financeiro e é o que torna as criptomoedas algo único.

De forma geral, a cadeia de blocos pode afetar qualquer parte das nossas vidas onde seja necessário verificar a identidade, estabelecer uma transação ou garantir um contrato. O registo público na cadeia de blocos pode ser mais rápido, menos dispendioso e mais seguro do que muitas instituições em que, atualmente, confiamos.

Como funciona a transação de bitcoin?

As bitcoins não existem fisicamente e não existe sequer um cofre de bitcoins. Se pensarmos bem, não é muito diferente do dinheiro tradicional. Podemos visualizar dinheiro ao iniciarmos a sessão na nossa conta bancária, mas isso não significa que existe uma caixa onde os nossos fundos estão guardados. Da mesma forma, nunca poderemos afirmar: "Isto é uma bitcoin".

Em vez disso, ao iniciarmos uma transação, estamos a enviar uma solicitação de transação para toda a rede. Na rede, os mineradores adicioná-la-ão ao registo público, juntamente com outras solicitações de transação correntes. Este registo é selado com o tempo, ligado ao último registo produzido e bloqueado com uma chave criptográfica. Um registo selado, ligado e bloqueado é designado por bloco.

Bloco

Os blocos de transações contêm tudo o que necessitam para adicionar novas transações e ligar, também, o bloco a todas as anteriores. Existem quatro pormenores incluídos em cada bloco: uma referência ao bloco anterior da cadeia, as transações que estão a ser adicionadas, um selo temporal e a prova criptográfica que demonstra como o bloco foi criado.

Esta combinação de selagem, interligação e bloqueio de blocos foi a inovação de Satoshi na criação da bitcoin. Resolve o problema de criação de um registo, que qualquer utilizador pode adicionar:

- O selo temporal mostra onde o bloco pertence, ordenadamente, garantindo que não se misturem, sendo que, ao mesmo tempo, múltiplos blocos não são respeitados pela rede.
- A ligação é uma referência ao bloco anterior, incorporado no conteúdo do bloco corrente. Assim, é garantido o lugar deste numa longa cadeia. A cadeia de blocos!
- O bloqueio criptográfico no bloco é conhecido por *hash*. Os mineiros da rede usam o seu poder computacional para calcularem o *hash*. Para a bitcoin, é um quebra-cabeças extremamente

difícil que leva aos processadores mais rápidos do mundo uma média de dez minutos para serem resolvidos.

Ao recolher todas estas informações num único bloco, o sistema de cadeia é capaz de se autorregular não requerendo vigilância nem supervisão. É desnecessário alguém verificar manualmente as transações. Após o cálculo do *hash*, é praticamente impossível alterar o conteúdo de um bloco.

Alterar o conteúdo exigiria a edição do registo, a reconstrução do bloco e a resolução do quebra-cabeças criptográfico, novamente. Será desejável possuirmos um computador que seja mais rápido do que todos os outros da rede, uma vez que desejaremos vencer a corrida para concluir o quebra-cabeças, isto se pretendermos que o nosso bloco seja implementado. Isto é altamente improvável, dado o enorme poder de computação na rede bitcoin.

Os blocos são organizados numa cadeia, pelo que se pretendermos alterar uma transação antiga, será necessário editar esse bloco e resolver o novo quebra-cabeças. No entanto, a resposta para o antigo quebra-cabeça original está incorporada no seguinte bloco da cadeia. Este deverá ser atualizado, desta vez com a nova resposta do quebra-cabeças. Sempre que se editar um bloco é necessário resolver novamente o quebra-cabeça de todos os blocos que se seguiram. Quanto mais quebra-cabeças de blocos for necessário resolver, menor a probabilidade de implementar se um ataque com sucesso. As transações de Bitcoin que existam há mais de uma hora, estatisticamente, são quase impossíveis de modificar.

Depois que uma transação ser adicionada à cadeia, existirá para sempre e é registada em todos os computadores da rede. Neste sentido, a cadeia de blocos é uma das bases de dados mais seguras que se possa imaginar.

CONFIRMAÇÕES
As transações bem-sucedidas devem ser confirmadas de forma a garantir que estão corretas. Os mineradores, que criam o bloco adicionando-o à cadeia, a cada dez minutos, confirmam. Estes verificam as transações, gravam no registo público e adicionam ao bloco seguinte. Uma vez resolvido o bloco, a transação é considerada verificada e as alterações tornam-se improváveis.

Conforme descrito acima, torna-se cada vez mais difícil alterar uma transação, quanto mais tempo o bloco estiver na cadeia. Por esse motivo, algumas pessoas preferem esperar por vários blocos, antes de optarem pela transação "confirmada".

Quando utilizarmos a bitcoin numa loja, talvez alguns comerciantes não nos façam esperar. No entanto, isso significa que estão a arriscar deixar passar o pagamento. Geralmente é mais comum em transações de baixo valor, pois existe um risco menor de fraude.

TAXAS

Como em todos os sistemas transacionais, a bitcoin tem taxas para cada transferência. No entanto há aqui uma distinção importante, as taxas não são necessárias e podem ser determinadas por quem envia os fundos.

Em troca de confirmações mais rápidas, os mineiros coletam e processam as taxas. Pague o suficiente e o mineiro moverá a sua transação para o topo da pilha, para ser adicionada ao bloco seguinte. Depois de terem criado com sucesso um novo bloco bitcoin, cobrarão as taxas de todas as transações incluídas nesse bloco específico.

As taxas são inteiramente voluntárias e quem inicia a transação pode decidir se deseja ou não incluir uma taxa. No entanto, ao incluir uma taxa, podemos garantir que os mineiros têm um incentivo para processar a transação. Se optarmos por não incluir uma taxa, estes processarão outras transações à frente. Poderemos esperar horas, ou mesmo dias, antes de a transação gratuita ser incluída num bloco.

Algumas carteiras, que gerem e guardam as bitcoins, decidem por nós a taxa de transação. Falaremos mais sobre carteiras, mais adiante.

A Cadeia de Blocos e as Transações

A cadeia de blocos já não parece tão misteriosa? Isto é apenas o início desta incrível invenção. Escrevi um livro sobre a tecnologia da cadeia de blocos (http://mybook.to/BlockchainExplained). Se tiver interesse, este recurso aprofunda o âmago da questão.

Mais à frente será aprofundado o tema de mineração, mas, por enquanto serão facultadas outras informações úteis sobre como obter e gastar bitcoins.

Capítulo 3. Começar a Usar Bitcoins

Com uma criptomoeda como a bitcoin, o mais importante é obter informações corretas e entender o sistema antes de iniciar. Esta moeda não tem uma autoridade central, portanto, as transações não podem ser revertidas. Se cometermos algum erro com a bitcoin, será permanente. Dito isto, devemos agir com cautela, investir apenas um pouco de cada vez e fazer a nossa pesquisa.

Este livro é uma boa introdução, mas, possivelmente, não abrange tudo aquilo que se pode encontrar no mundo da bitcoin. O melhor conselho que se pode dar é ler o máximo possível.

A bitcoin pode parecer assustadora ou complicada. O objetivo deste capítulo é familiarizar-se com conceitos básicos e regras fundamentais para começar a usar a bitcoin. É de salientar que, mais adiante, haverá explicações aprofundadas sobre estes assuntos, sendo que devem ser encarados pacientemente.

Segurança Pessoal na Bitcoin

Antes de se dar algum conselho sobre como comprar, deter, vender e transacionar bitcoins, é necessário falar sobre segurança. A própria rede revela um alto nível de segurança. A bitcoin nunca sofreu um ataque, diretamente, e é muito improvável que alguém possa vir a alterar uma transação no registo público da bitcoin.

O risco de segurança de possuir bitcoins surge da falta de cuidado pessoal ou por lidar com provedores de serviços de terceiros. Apresentam-se algumas dicas:

NUNCA PARTILHE A CHAVE PRIVADA
Esta é, obviamente, a primeira regra de segurança da bitcoin. Nenhuma empresa ou pessoa legítima jamais solicitará a chave privada da Bitcoin (a menos que se esteja a autorizar um gasto). Os endereços bitcoin não estão associados à nossa identidade. Não é necessário facultar a nossa identificação ao criar a maioria das carteiras e o único aspeto que distingue o proprietário de uma carteira é conhecer a chave privada.

Como tal, alguém que possua a nossa chave privada pode gastar as nossas bitcoins. É ponto assente! Para além disso, não existe um modo de reverter transações ou denunciar fraudes na bitcoin. É fundamental, nunca partilhar a chave privada.

NÃO PERCA A SUA CHAVE PRIVADA.
O efeito secundário de endereços anónimos é que não existe uma forma de recuperar a chave privada se a perdermos. A única solução para aceder ao endereço é através da chave. Perdê-la, implica perder os fundos, para sempre.

A maioria das carteiras, através de uma *password* recuperável, encarrega-se de armazenar as principais informações. De qualquer modo, é importante fazer uma cópia de segurança de toda a informação da chave privada, em vários locais.

Tenha uma Carteira Segura

Como se pode depreender, uma carteira é aquilo que detém a bitcoin que recebemos. Existem várias opções diferentes que discutiremos, nomeadamente: baseadas na Internet, baseadas em *hardware*, dispositivos móveis, entre outras. Muitos mantêm as suas bitcoins do dia-a-dia numa carteira normal da Internet, sendo que o restante, guardam numa carteira mais segura, disponível para fazer uma cópia de segurança. Desta forma, mesmo que o nosso computador seja alvo de um ataque, não poderão tocar nas nossas economias. Falaremos sobre os diferentes tipos de carteiras, mais adiante.

Saiba que o Preço irá Mudar

O preço da bitcoin muda a cada minuto. É importante perceber isto, pois, por vezes, pode ser um caminho acidentado. Tem subido constantemente, no entanto também teve a sua cota-parte em quedas de valor. Há uns anos, seria quase inimaginável que uma bitcoin valesse 100 dólares. Neste preciso momento, vale mais de 11.000 dólares. Mesmo que seja esperado, a sua subida com o passar do tempo, haverá momentos em que o preço baixa. Devemos ter presente que isto faz parte do percurso.

Não Pode Reverter Pagamentos

Os pagamentos em bitcoins não se efetuam do mesmo modo que os cartões de crédito ou o Paypal. A pessoa a quem for enviado o dinheiro é a única que poderá devolver. Neste sentido, é fundamental confiar na pessoa a quem o fundo está a ser enviado e conferir, mais do que uma vez, o endereço da carteira.

No caso de enviarmos bitcoins para o endereço errado, é provável que não se recupere essa quantia. Devem ser verificados, duas ou três vezes, todos os detalhes da transação antes de se enviar qualquer fundo, pelo que, se algo de errado ocorrer, não existirá uma "sede da empresa" que possa auxiliar. Isto revela bons e maus efeitos no uso da bitcoin, em comparação com outros métodos de pagamento, mas falaremos sobre estes pontos de vista, um pouco mais adiante.

As Bitcoins São Rastreáveis

Uma vez que a bitcoin opera num registo público, qualquer pessoa pode ver o histórico de transações na rede. As transações são apenas uma lista de endereços públicos e valores de transação. Ainda assim, investigadores astutos poderão criar uma rede de transações e identificar tendências. Com o tempo, um investigador dedicado pode descobrir qual é o nosso endereço, bem como todos os endereços para os quais efetuámos pagamentos em bitcoins.

Existem formas de evitar ser rastreado na bitcoin. É possível utilizar vários endereços ou até um novo endereço por cada transação. Podem ainda ser utilizados serviços de mistura de moedas que mascaram a fonte dos fundos, misturando-os com outros fundos. É, deste modo, de salientar que o registo público é, na realidade, público.

Poderá Haver "Dores de Crescimento"
A bitcoin está a crescer rapidamente, pelo que poderá haver muitas mudanças no futuro. As novas atualizações podem fazer com que alguns operadores repensem os seus serviços e preços, as confirmações podem abrandar, as taxas podem subir ou quaisquer outras situações podem ocorrer. É impossível afirmar de que forma ocorrerá, mas se entendermos os fundamentos que sustentam, ficaremos precavidos.

Começar a Usar a Bitcoin

Em relação à bitcoin, estamos apenas no início. Há muito a aprender e interessa estarmos orientados de forma a garantirmos que nos sentimos seguros e informados, o suficiente, para entrarmos nesta moeda digital de rápido crescimento, que, simplesmente, irá continuar a crescer.

Capítulo 4. Onde Guardar as Bitcoins

O nosso endereço bitcoin

Já todos enviámos um email a alguém, correto? Esse endereço específico permite que se envie e receba mensagens para alguém ou de alguém na Internet, desde que possua também um endereço eletrónico. Os endereços bitcoin funcionam da mesma forma, embora haja uma diferença fundamental.

O QUE É UM ENDEREÇO BITCOIN?
Um endereço bitcoin é a sequência específica de caracteres que identifica a sua carteira. Ao contrário do exemplo do endereço eletrónico, uma única carteira, pode ter vários endereços, inclusive, um novo para cada nova transação feita.

No caso da bitcoin, o endereço tem, de comprimento, entre 26 e 35 caracteres alfanuméricos. Cada endereço começa pelo algarismo 1 ou 3 e é sensível a maiúsculas e minúsculas. Esta sequência de caracteres deverá ser exata ou os fundos não poderão ser transferidos. Isto não surpreenderá quem, anteriormente, já tenha realizado transferências.

Quando desejarmos receber um determinado fundo, o endereço bitcoin deverá ser partilhado com quem pretende efetuar o pagamento. Pode inclusivamente publicá-lo. Partilhar o nosso endereço não dá acesso à nossa conta. Apenas informa a rede sobre para onde o fundo deverá ser direcionado.

B

"Aqui está um exemplo de endereço bitcoin:

1BvBMSEYstWetqTFn5Au4m4GFg7xJaNVN2"

Endereços de Uso Único

Enquanto que o endereço eletrónico nunca se altera, neste caso, a maioria dos especialistas recomenda a utilização de um novo endereço bitcoin, para cada transação. Deste modo, uma vez que o endereço não corresponde à carteira, não está a ser criada uma nova, mas está, simplesmente, a ser utilizado um novo identificador para quem está a enviar bitcoins. Existem vários motivos para que se proceda deste modo.

*A*NONIMATO

Existe um grande problema com a reutilização de um endereço bitcoin, corre-se o risco de se perder o anonimato, caraterístico desta moeda.

À medida que um determinado endereço vai sendo usado, está a ser publicada informação sobre a origem e destino da bitcoin. Como opera num registo público, assim que surgir, o endereço pode ser visualizado por todos. Com a utilização do mesmo endereço repetidamente, malfeitores poderão rastrear relações, transações, fundos de rendimento. Quanto mais um endereço é usado, mais informações são disponibilizadas.

B

"Existem poucas probabilidades de acontecer, no entanto, deve tornar-se numa preocupação, se quisermos garantir o anonimato."

Neste sentido, é de salientar que a criação de novos endereços, para cada transação, ajuda a preservar a identidade, bem como manter as transações mais anónimas. Mesmo sendo, as transações, registadas em público, este é um modo eficaz de manter um escudo de anonimato.

Criar um endereço é tão simples quanto clicar no botão do seu cliente de carteira. Falaremos de carteiras mais adiante.

IDENTIFICAR PAGAMENTOS

No caso de uma empresa que pretende acompanhar as suas transações, é muito mais fácil se forem utilizados endereços de uso único.

Ao vincular as transações a um endereço único, é possível verificar se foi recebido um pagamento com base no endereço disponibilizado. Pode dar-se o caso de atribuir um determinado endereço a cada cliente, no entanto este não é o modo recomendado para o recebimento de fundos.

Assim, cada pagamento recebe o seu próprio tipo de identificador único. É particularmente útil se estivermos a gerir um grande departamento de contas, a receber ou a pagar.

Algum motivo para não o fazer?
Pode parecer um incómodo e totalmente irrelevante criar endereços para cada transação. No caso de efetuarmos transações mínimas e nem sequer estivermos preocupados com rastreamentos, qual será o problema?

Tudo se resume à aquisição de bons hábitos. Aumentar o anonimato dos pagamentos, individualmente, aumenta o anonimato geral da rede. Se a totalidade dos utilizadores criarem endereços, o rastreamento dos pagamentos será difícil, mesmo havendo um registo público. Mais adiante será possível verificarmos que essa privacidade geral da rede é importante para a fungibilidade e usabilidade da bitcoin.

É consensual que não existem motivos para que não sejam utilizados novos endereços para cada transação, a não ser a simples etapa de criar um.

Criar um Endereço Bitcoin

Após este esclarecimento sobre a importância da criação de um novo endereço para cada transação, surge a questão – como poderá ser feito? A resposta não poderia ser mais simples.

A carteira tem essa função. Esta é um *software* que auxilia na gestão dos fundos e dos vários endereços.

Varia um pouco de carteira para carteira, mas na maioria dos casos, basta abrir e clicar em "Criar Novo Endereço" ou algo semelhante.

Para instruções mais específicas, o utilizador deve consultar as configurações da sua própria carteira.

Por fim, seria de todo o interesse que a criação de um novo endereço para cada transação, brevemente, se tornasse numa configuração padrão para a maioria das carteiras. A privacidade seria automática.

B

> ***Para entender o motivo pelo qual é necessário criar um endereço, consultar o link:***
> *http://en.bitcoin.it/wiki/address_reuse*

Carteiras Bitcoin

Como é de se prever, as carteiras bitcoin detêm as nossas bitcoins. Utiliza-se para iniciar o envio e gerar novos endereços. É possível ter endereços quase ilimitados associados a uma carteira.

Trata-se, sem dúvida, do elemento de segurança mais importante para guardar bitcoins e é algo que se deve sempre proteger, da melhor forma possível. Ninguém deixa a sua carteira aberta, certo?

COMPREENDER A CARTEIRA

A carteira bitcoin não é o único sítio para onde alguém pode enviar bitcoins. É também o centro de comando do qual se pode emitir uma transação de despesa. Para aceder ao saldo e autorizar gastos, é necessário mais do que os endereços já referidos. Por outro lado, são necessárias chaves públicas e chaves privadas, para cada endereço, na carteira.

Chave Privada

A chave privada é protegida por uma base de código de encriptação estando esta relacionada com o nosso endereço público. Esta é a chave de base desativada pela qual a chave pública e o endereço público são gerados. É uma sequência de caracteres alfanuméricos gerada aleatoriamente. No entanto, conhecer a chave pública ou o endereço público não implica, de modo algum, que se descubra a chave privada relacionada.

Apenas será conhecida se for revelada. O mais importante é – NUNCA perder a chave privada. No caso de se perder por não se ter feito uma cópia de segurança, será impossível aceder à carteira bitcoin. Além disso, é essencial nunca partilhar a chave privada, dado que qualquer pessoa que tenha acesso pode gastar os fundos desse endereço. Este é o aspeto mais importante da nossa carteira.

Chave Pública

A chave pública serve para verificar se somos o proprietário do endereço bitcoin associado à nossa carteira. Muitos assumem que a chave pública é o mesmo que o endereço da carteira, mas mesmo estando relacionados, são totalmente distintos.

A chave pública é criada a partir da chave privada mediante a utilização de algoritmos matemáticos. Isto revela um alto nível de complexidade e de segurança. Torna-se virtualmente impossível de desvendar.

Para sermos exatos, a chave pública tem um comprimento de 256 bits e é usada para criar um endereço final de 160 bits. O endereço é conhecido como a versão *hash* da chave pública.

UMA PEQUENA CRIPTOGRAFIA

A bitcoin e outras aplicações de cadeia de blocos dependem fortemente de uma área da matemática conhecida por criptografia. Esta é a prática de criar ou decifrar códigos.

O *hashing* é um tipo de algoritmo criptográfico que a partir de uma entrada (*input*) gera uma saída (*output*) padronizada e única. Funciona apenas numa direção, isto é, se conhecermos o *input*, será fácil descobrir o *output*. Contudo, se conhecermos apenas o *output*, terão de se descobrir os *inputs*, sendo que passará muito tempo antes de se conseguir encontrar a resposta correta.

Um facto interessante – alguém que possua uma chave pública levaria milhares de anos para decifrar a respetiva chave privada, mesmo recorrendo aos computadores mais sofisticados da atualidade. A chave pública é um *hash* da chave privada.

Possuir apenas a chave pública permite visualizar o saldo, no entanto não permite enviar bitcoins para outros endereços. Somente a chave privada autoriza a transação de despesa.

A chave pública e privada, na bitcoin, é apenas um sítio onde o *hashing* é utilizado. Podemos recordar o quebra-cabeças criptográfico que bloqueia os blocos e previne alterações na cadeia de blocos. Esse quebra-cabeças envolve, igualmente, o *hash* e testa vários *inputs* para obter um *output* correto.

Este é apenas um livro introdutório, deste modo, o funcionamento do *hashing* não será aprofundado. Trata-se, sem dúvida, de um assunto bastante interessante. Neste momento interessa aprofundar mais sobre a importância da escolha de uma carteira de modo a perceber quais são os diferentes tipos que existem no mercado.

Escolher a Carteira

É de salientar que, apesar de não parecer, escolher uma carteira bitcoin é ligeiramente mais difícil do que escolher uma carteira numa loja de acessórios.

Existem muitas opções diferentes de carteiras disponíveis, e cada uma tem os seus próprios méritos. Dependendo do que se pretende em relação à bitcoin, qual o grau de segurança desejado e respetiva frequência de utilização, pode ser escolhida a que melhor se adeque às respetivas necessidades.

Será abordado o básico, para que se saiba exatamente o que procurar numa carteira bitcoin.

CARTEIRA ONLINE

É por aqui que o iniciante poderá começar. Neste capítulo, serão abordados os diferentes tipos de carteira, no entanto, se houvesse de imediato a necessidade de encontrar uma para as primeiras transações, optar por uma carteira online seria o caminho a seguir, possivelmente para um câmbio. (ver abaixo "carteira de negociação")

A carteira online não exige o download do *software* principal nem obriga o utilizador a gerir sozinho. Esta atua como um intermediário que detém a bitcoin e permite os gastos através de uma plataforma da Internet, que é mantida segura.

A carteira online é rápida e leve, mas exige a confiança na empresa que a disponibiliza. Se não estivermos a executar um nó na rede bitcoin, precisaremos de direcionar as nossas informações seguras através do intermediário online. São fáceis de configurar, mas estão longe ser seguras.

Carteira de Negociação

A carteira de negociação, como o termo indica, é uma carteira organizada pela plataforma de negociação da bitcoin. Tem sido, até ao momento, a opção mais conveniente para os utilizadores, mas apresenta alguns inconvenientes. Uma das maiores violações da rede bitcoin, o infame escândalo da MT. Gox, aconteceu devido a uma fraca proteção das carteiras de negociação.

Esta é, no entanto, uma opção intuitiva utilizada por quem usa somente pequenas quantidades de bitcoin e, com frequência, compra e vende. Uma boa estratégia, no caso de se possuir muitas bitcoins, é guardar as economias numa carteira isolada e deixar uma pequena quantia dos fundos numa carteira de negociação para eventualidades imediatas.

Carteira dedicada

A carteira dedicada funciona somente como um sítio de armazenamento de bitcoins. Não possui um serviço de câmbio e o seu único propósito é disponibilizar um sítio online para guardar e gastar as bitcoins. É o ideal quando são compradas moedas através de serviços ponto-a-ponto ou quando se opta por isolar as moedas.

FAZER UMA PESQUISA!
É crucial conhecer a empresa a quem se confia a detenção das bitcoins. Um dos problemas mais divulgados foi o fiasco em torno da Mt. Gox, em 2014. A Mt. Gox era uma empresa de câmbios de bitcoin

responsável naquela altura por 70% das transações em todo o mundo. Entrou, subitamente, em colapso após milhões de dólares em bitcoin terem desaparecido. Alegaram que estava em falta 850.000 bitcoins, que, na época, valia cerca de 450 milhões de dólares.

Deixou centenas de milhares de clientes sem as suas bitcoins, não havendo possibilidade de serem recuperadas. A empresa declarou falência e o respetivo diretor-geral foi detido. Face à natureza da bitcoin, a habilidade de corrigir este erro estava para além das capacidades de qualquer pessoa.

Um destino semelhante caiu sobre a Bitfinex. A empresa sofreu um ataque em 2016 e um número estimado de 72 milhões de dólares em bitcoin foi roubado.

B

> *"Neste sentido, é crucial verificar onde está sediada a empresa de negociação, qual é o seu historial em termos de reputação e, em caso de dúvida, nunca deter mais do que aquilo que se pode perder numa carteira com base na Internet".*

Felizmente, esta área tem estado, constantemente, a sofrer nova regulamentação. Muitos governos e órgãos reguladores estão a tentar evitar problemas futuros como este. De qualquer das formas, é fundamental entender com quem estamos a fazer negócio.

Carteira Software

A próxima opção é a carteira bitcoin baseada em *software*, ou seja, é mantida no computador. Este *software* é uma aplicação bitcoin que disponibiliza o controlo total dos dados e garante proteção contra influências externas, desde que o computador *desktop* esteja seguro, uma vez que é onde tudo fica instalado.

Uma das versões originais é a Bitcoin Core. Esta foi desenvolvida pela Fundação Bitcoin e é quem faz atualmente a sua manutenção. Este *software* aberto está disponível para o utilizador no caso de desejar ver o código fonte e poder verificar que nada de suspeito poderá estar a acontecer na aplicação. Este nível de transparência garante que a bitcoin é segura e que não existe uma única fonte de informação que possa afirmar que o *software* tem algum segredo.

De qualquer modo, a carteira *software* não serve apenas para deter as bitcoins. Ajuda igualmente a dar continuidade à rede bitcoin e a manter os registos da cadeia de blocos, descentralizados. Usar uma carteira de *software* criará um nó completo da rede bitcoin, no computador. Ao operar como um nó completo, ajudará a retransmitir transações e a manter as bitcoins seguras. Isto significa, no entanto, que a sincronização inicial pode demorar um pouco, já que o computador precisará de efetuar o download do histórico da cadeia de blocos, antes de se poder manter atualizado.

De seguida será dada uma orientação sobre a instalação da Bitcoin Core, para assim esclarecer sobre como executar um nó e poder participar na rede.

Instalar a Bitcoin Core
1) Abrir o browser e aceder a
   https://bitcoin.org/en/download

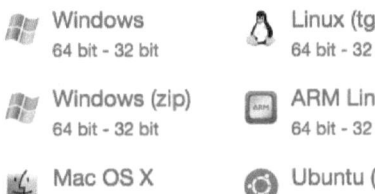

2) Efetuar o download do client.

3) Fazer um duplo clique no ícone e confirmar com o Windows que se pretende instalar o *software*.

4) Selecionar o sítio onde se deseja que a cadeia de blocos e a carteira sejam guardadas. Caso contrário, se não pretendermos a opção padrão, é possível optar por um outro sítio específico.

5) Efetuar o download da cadeia de blocos. A execução pode levar alguns dias a ser concluída, dependendo da velocidade da ligação à Internet. Poderá ultrapassar os 100 GB, pelo que é importante garantir a existência de espaço suficiente de forma a permitir o download.

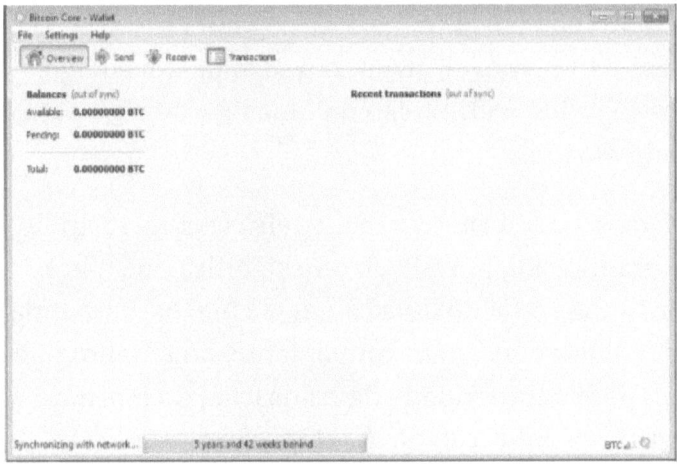

Feito!

A instalação é semelhante para a maioria das carteiras de *software*, contudo pode verificar-se a documentação específica se houver algum problema.

Outras Carteiras *Software*
Claro está que a Bitcoin Core é a carteira de *software* oficialmente suportada pela Fundação Bitcoin. Não significa que seja a única opção disponível no mercado.

Uma lista de carteiras baseadas em *software* com as respetivas classificações atribuídas é apresentada no seguinte link: http://bitcoin.org/en/choose-your-wallet

CARTEIRA MOBILE
A carteira mobile pode ser a opção mais prática para o uso da bitcoin no dia a dia. O pagamento de produtos e serviços, ou ainda o envio de fundos, pode ser efetuado através de um smartphone ou de um tablet.

A carteira mobile permite realizar pagamentos através da câmara do telemóvel, fazendo o *scan* de um código QR ou recorrendo à utilização de uma ligação NFC para o envio de moedas.

Trata-se de uma alternativa de carteira leve na medida em que é conhecida por SPV, o que significa que não armazena uma cópia de uma cadeia de blocos. Para uma utilização diária é bastante conveniente, no entanto não contribui para a integridade da transação, do mesmo modo que uma aplicação de *desktop*.

Manter a Carteira Segura

É indiscutível o facto de a carteira Bitcoin ter de permanecer sempre segura. Isto significa que são necessárias proteções no computador ou no telemóvel, para o caso de alguém, sem autorização, poder aceder a estes dispositivos.

É crucial criar uma *password* de qualidade, difícil de decifrar. Quanto mais segura for, mais seguras ficam as bitcoins.

Criar uma *Password* Forte
Para encontrar uma *password* forte é recomendável cumprir as seguintes regras:

- Ter doze ou mais caracteres.
- NÃO USAR nomes de sítios, nomes próprios ou palavras.
- Utilizar uma variedade de pontuação, ortografia, números e letras maiúsculas.

Estas três regras simples tornam quase impossível o decifrar de uma *password*, mesmo através de um ataque informático. De facto, por cada caractere adicional, seguindo estas regras, a segurança aumenta exponencialmente.

Guardar Cópias de Segurança
Por prevenção, é importante fazer regularmente uma cópia de segurança da carteira. Trata-se de um procedimento bastante simples que pode ser realizado a partir do *software*. Poderá ser guardada numa unidade *flash* USB ou num disco externo. E, uma vez que a carteira é encriptada, permanecerá segura no caso de ser necessário recuperá-la.

Um Pequeno Aviso
É importante ter formas de fazer cópias de segurança da carteira. Os telemóveis perdem-se facilmente, deste modo, por precaução, é indispensável mantê-la em segurança.

No link http://bitcoin.org/en/choose-your-wallet é apresentada uma lista de carteiras mobile.

Agora que está feita a apresentação das carteiras bitcoin, é hora de se escolher uma para começar a gastar e receber moedas! Pode parecer estranho no início, mas depois de entendermos como funciona, torna-se incrivelmente fácil. No fundo, não é diferente das várias formas de pagamento, nem das várias aplicações existentes, que servem para enviar e receber dinheiro tradicional.

Armazenamento a Frio

Se optarmos por ter uma grande quantidade de bitcoins, talvez seja de evitar manter esse dinheiro na carteira que é utilizada para efetuar compras. Se houver algum problema ou se alguém, sem autorização, aceder à carteira, todo o valor em bitcoins poderá ser roubado. Em alguns casos, significa que certas quantias poderão estar vulneráveis.

Para uma proteção mais eficaz, é preferível preservar os fundos de longo prazo naquilo que designamos por armazenamento a frio. Estas são formas de manter as bitcoins seguras, sem que a carteira tenha de ter uma ligação online constante, tal como acontece com as carteiras baseadas na Internet que estão localizadas em servidores.

Carteira de Papel
Antes de outras formas seguras de carteiras bitcoin estarem disponíveis comercialmente, as carteiras de papel eram, sem dúvida, a forma mais comum de manter as bitcoins em armazenamento a frio. Existem muitas etapas a serem tomadas, para garantir que seja totalmente seguro, mas com um pequeno auxílio, é possível manter as moedas seguras e evitar, assim, ser vítima de crimes informáticos.

Resumidamente, o utilizador recebe uma cópia que contem as informações necessárias para enviar e receber pagamentos, na forma de código QR. Significa que contém as chaves pública e privada, e tudo o que é necessário fazer é digitalizar para uma carteira *software*, de modo a realizar transações.

É um benefício o facto de não existir uma cópia da carteira localizada no computador ou noutro dispositivo móvel e, deste modo, torna-se impossível de ser pirateada. Sem uma cópia digital, deixa de haver preocupação com o cibercrime ou com qualquer falha de *hardware*.

No entanto, o papel pode molhar-se, queimar-se ou simplesmente degradar-se com o tempo. Por este motivo, muitos optam por plastificar ou, simplesmente, fazem versões mais duráveis da carteira de papel recorrendo a outros materiais.

Veremos, de seguida, como proceder para ser criada uma carteira de papel.

Será utilizada a carteira Blockchain.info padrão para a seguinte explicação, no entanto é semelhante a outras plataformas:

1) Criar uma carteira ou fazer login na carteira correnteBlockchain.info;

2) Procurar no canto inferior direito um botão que diz "Papel";

3) Reintroduzir a *password*;

4) Imprimir a carteira de papel exibida;

5) Apagar quaisquer versões da carteira que possam ter sido salvas no computador no processo de impressão;

Uma vez que está a ser apresentada a carteira de papel para armazenamento a frio, em vez da "carteira quente", será dada uma explicação de como podem ser adicionados mais fundos à carteira. O processo de utilização para fazer compras é semelhante, mas, de momento, não é importante.

Para adicionar mais fundos às economias na carteira de papel:

1) Entrar no site Blockchain ou em qualquer carteira online, carteira baseada em *software* ou noutro *software* utilizado.

2) Criar uma transferência.

Introduzir o endereço público registado na carteira de papel.

Está feito!

É muto interessante possuir uma versão analógica da nossa carteira bitcoin. Não existem preocupações com eventuais falhas de *software* ou *hardware*. Não será alcançada por qualquer ataque informático. No universo digital, por vezes, o mais seguro é deixar de confiar na segurança digital. Acontece que pode ser verdade quando se trata de uma moeda exclusiva do universo digital.

Um Pequeno Aviso
É consensual que não é seguro gastar bitcoins guardadas na carteira de papel, utilizada para armazenamento a frio. É de fácil utilização, no entanto coloca em risco, pois, como toda a transação, vai revelando, aos poucos, os pormenores da careira que está a ser utilizada. Quando se trata de armazenamento a frio, pode ser potencialmente catastrófico.

Carteira Hardware

Nos últimos tempos, as carteiras *hardware offline* têm-se tornado cada vez mais populares. Estes dispositivos facilitam a manutenção das bitcoins, em armazenamento a frio, sem haver a necessidade de ter grandes conhecimentos técnicos.

Existem, certamente, opções que permitem gastar bitcoins mais facilmente, no entanto, de um modo geral, as carteiras *hardware* são vistas como um método de armazenamento a frio que, na maior parte do tempo, não têm ligação à Internet ou até ao computador.

Porquê Escolher uma Carteira *Hardware*?
As carteiras *hardware* oferecem muitos benefícios quando se trata de segurança e armazenamento a longo prazo. Por exemplo, as chaves privadas são armazenadas numa parte separada do dispositivo e, para a maioria destas carteiras, é impossível transferir para fora do *hardware*. Isto significa que não há forma de alguém poder extrair a chave privada. Significa também que é totalmente imune a vírus de computador projetados para roubar bitcoins de carteiras instaladas em sistemas de computador.

TREZOR

Por bons motivos, a Trezor é, sem dúvida, a carteira *hardware* mais recomendada. Este pequeno dispositivo é, basicamente, um pequeno computador que lida com as chaves pública e privada. As chaves privadas ficam sempre em segurança. Teoricamente, a TREZOR poderia ser ligada a um computador infetado, e, mesmo assim, as moedas ficariam seguras.

Será necessário ser efetuada uma ligação a uma carteira baseada na Internet, de modo a poder ser transferido dinheiro, no entanto, como já foi mencionado, é totalmente seguro. Caso esteja a ser utilizada como método de armazenamento a frio, não será de grande preocupação.

Existem motivos de preocupação?
Ninguém poderá afirmar que existe um dispositivo para guardar bitcoins 100% seguro, contudo, as carteiras *hardware* são, sem dúvida, as mais seguras.
Teoricamente, o processo de produção e expedição pode ficar comprometido e ter *backdoors* instalados, no entanto é altamente improvável.

É necessário ter cuidado com os fabricantes desconhecidos. Ao ter um gerador de números aleatórios inseguro ou ter falta de segurança do *software* adequada, é possível correr riscos. Estas compras devem ser realizadas a vendedores e fabricantes com boa reputação. No que diz respeito à bitcoin, podem ser tomadas muitas medidas, de forma a serem evitadas tribulações.

Armazenamento de Computador *Offline*

O modo final de guardar as bitcoins, em armazenamento a frio, consiste na configuração do *software* da carteira bitcoin num computador *offline*, ou seja, sem ligação à Internet. Este método é um pouco mais complexo, mas também é o mais seguro, nos casos em que é mais comum receber fundos do que enviar. Para um verdadeiro armazenamento a longo prazo, esta é a melhor opção.

Neste caso, pode ser utilizado o programa Bitcoin Armory. Existem outras opções, mas muito poucas são tão recomendadas quanto esta.

Usar o Bitcoin Armory

Nota: As carteiras *offline* requerem o Bitcoin Armory definido no modo "Expert" ou "Advanced". Se não forem efetuadas as configurações desde a instalação, o programa será definido como "Advanced" por defeito.

1) Primeiro é necessário instalar o Bitcoin Armory num computador sem ligação à Internet. Pode ser feito colocando o instalador numa unidade USB;

2) Criar uma carteira nesse computador;

3) Para criar o que é designado por cópia de visualização pura, clicar na opção, no menu à direita do programa.

4) Guardar a nova carteira numa unidade USB e ligar a um computador com ligação à Internet.

5) Abrir o Bitcoin Armory, selecionar a opção "Import Wallet" e escolher a opção que diz "This Wallet Is Mine".

Assim sendo, teremos a carteira configurada praticamente em dois computadores. A carteira está inicialmente instalada no computador *offline*, mas este sistema cria uma forma de a visualizar, enviando fundos do computador que tiver uma ligação à Internet.

O computador online pode ser utilizado do mesmo modo que qualquer outra carteira *software*, mas sem poder gastar bitcoins a partir dele. Para o recebimento de fundos, clicar em "Receive Bitcoins" e o endereço é gerado.

Feito.

A carteira estará então protegida contra piratas informáticos. Podem assim ser adicionados novos fundos, no entanto é sempre importante estar de alerta. Para economizar e armazenar a longo prazo, esta é, sem dúvida, a melhor forma de proteger as moedas

Sobre o Computador *Offline*
Existe algo que pode tornar o armazenamento *offline* ainda mais seguro – utilizar um computador que nunca teve ligação à Internet. Designa-se por computador *air gapped*. Este garante que não existirá nenhum registo online do mesmo e que seria impossível, para alguém, poder aceder a qualquer informação. É possível remover fisicamente a placa *wireless*, o módulo *bluetooth* e a porta *ethernet*, caso exista. Este

procedimento nem sempre é necessário, no entanto é algo que a ter em consideração no caso de querer evitar totalmente algum eventual problema.

Carteiras Bitcoin

Isto é, basicamente, tudo o que necessitamos saber para começar a armazenar bitcoins com segurança, todavia é de salientar que existem muitos outros métodos que não serão aqui abordados. Isto pode significar que é possível, inclusive, ter a carteira gravada em metal, dependendo da forma como encaramos o seu armazenamento.

Para o iniciante realizar um câmbio, poderá começar com uma carteira baseada na Internet. A partir do ponto em que o grau de confiança e conforto, perante o funcionamento da bitcoin, aumenta, poderá configurar uma carteira de *software* ou *hardware*, para usufruir de mais segurança.

De seguida será apresentada a forma de colocar bitcoins na carteira. Comprar bitcoins não é tão complicado quanto possa parecer. Será explicado, passo a passo, qual o caminho para o fazer.

Capítulo 5. Comprar Bitcoins

Neste capítulo será esclarecido como poderemos pôr a mão em cima das bitcoins (figurativamente falando, claro!). No final deste capítulo o leitor já poderá ter esta moeda.

Existem essencialmente duas formas principais de comprar bitcoins. É possível adquirir bitcoins através das principais plataformas de negociação, do que se considera "bancos de bitcoin", de certa forma, ou diretamente de outros utilizadores da moeda.

Principais Plataformas de Negociação Online

Da mesma forma que se pode trocar uma moeda por outra, as principais plataformas facilitam as trocas de moedas fiduciárias (dólares, euros, entre outras) por criptomoedas digitais, tais como a bitcoin. É semelhante ao modo de troca de uma moeda estrangeira pela moeda local, realizada no mercado cambial.

Estas trocas servirão também para converter a bitcoin, de volta, para a moeda local, para se adquirir produtos e serviços que não aceitem esta moeda. Enquanto a bitcoin não for amplamente aceite, estas trocas são verdadeiramente importantes.

Se a compra de bitcoins for efetuada nos Estados Unidos, a Coinbase ou a Kraken são provavelmente as plataformas de negociação mais fáceis de utilizar para receber fundos em dólares. Na Europa, a BitStamp tem uma grande reputação por trabalhar com bancos europeus. Todas estas plataformas estão bem estabelecidas e são líderes em segurança, sendo reconhecidas pelo mercado.

Trata-se de um livro para iniciantes, deste modo não se aprofundarão todas as plataformas possíveis de usar. Não se referirá também, quais as melhores plataformas para outros países do mundo. Faça a sua pesquisa.

No que diz respeito às tecnologias bitcoin de terceiros, é de evitar guardar muitas bitcoins, num sítio apenas. As plataformas de terceiros são vulneráveis. Devemos manter uma pequena quantia na carteira de negociação, para uma eventualidade, e manter o restante em armazenamento.

Configuração

Aquilo que é necessário fazer para criar uma conta numa das principais plataformas e começar a comprar bitcoins é:

1) Disponibilizar informações básicas pessoais;

2) Abrir um email de ativação para a confirmação da conta;

3) Ligar métodos bancários para iniciar;

3) As principais plataformas aceitam alguns métodos diferentes:

- Saques bancários

- Cartões de crédito
- Cartões de débito
- Transferências bancárias

Porquê escolher uma grande plataforma de negociação?

Existem muitas razões que justificam a necessidade de ser escolhido um grande operador.

Podem já ter um historial de credibilidade e confiança. Uma empresa como a Coinbase, por exemplo, conseguiu construir uma imagem de confiança, para comprar e vender bitcoins. Com esta plataforma, existem poucos motivos de preocupação, no momento da compra de bitcoins.

Em muitos casos, receberá os melhores preços. As plataformas, normalmente, cobram uma pequena taxa, no entanto, a compra e a venda são baseadas numa taxa de câmbio mais padronizada do que as transações ponto-a-ponto.

Verificação KYC

As plataformas de negociação de bitcoins exigem um processo de verificação designado por KYC (Conheça o seu Cliente). Isto significa que será necessário facultar informações pessoais que confirmem a identidade. É fundamental manter registos para a plataforma evitar fraudes e atividades criminosas.

CONFIRMAÇÃO DO CONTACTO TELEFÓNICO
O contacto telefónico é muito importante para a plataforma de negociação de bitcoin. Serve para comprovar que temos acesso a um telemóvel, mas é também indispensável para a autenticação de dois fatores. Sempre que se tente efetuar login, um código é enviado para o telemóvel para que essa tentativa seja verificada. Se alguém tiver acesso ilegal à conta, essa verificação por SMS impedirá a realização de transações.

> Your code is: 0667688. Thank you.

CARTA DE CONDUÇÃO / VERIFICAÇÃO DE ID

Identity Verification

De seguida, deverá ser comprovada a identidade, enviando os documentos de identificação. Pode variar dependendo das regras de cada plataforma e da quantidade de dinheiro a ser transacionada.

A maioria das plataformas solicita o envio de uma cópia da carta de condução ou do cartão de identificação emitido pelo estado. Para a maior parte das pessoas, é suficiente. Alguém que esteja a transacionar uma grande quantia, pode, inclusive, ter de submeter faturas de contas de serviços públicos e até passaportes.

Todo este procedimento serve para garantir que utilizadores e plataforma estejam adequadamente protegidos contra problemas legais, no futuro.

Dependendo da plataforma, esse processo de verificação pode levar de algumas horas a alguns dias. Por vezes, certas pessoas são afastadas quando querem comprar bitcoins, no entanto é crucial para o cumprimento das leis governamentais e para evitar crimes de colarinho branco.

Existem motivos de preocupação?

O único problema com que algumas pessoas se deparam é que existem limites para o valor que podem comprar, num determinado momento. Contudo, dependerá do método de pagamento que estiver a ser usado. Os cartões de débito geralmente têm limites semanais ou diários muito mais baixos do que as transferências bancárias.

Para mais informações sobre plataformas de negociação específicas, aceder a:

http://howtobuybitcoins.info

Ou

http://coindesk.com/information/how-can-i-buy-bitcoins

Plataforma de Negociação de Criptomoedas

Muitas plataformas não oferecem uma opção para as moedas fiduciárias (dólares, euros, entre outros). Estas não são, certamente, ideais para principiantes, no entanto têm vindo a ganhar popularidade junto dos utilizadores que já possuem algumas bitcoins.

A maior plataforma de negociação do mundo da atualidade, a Binance, é uma das que não disponibiliza opções fiduciárias.

Este tipo plataformas permite a transação de bitcoins por outras criptomoedas, tais como a ethereum, a litecoin, a dash ou outras *altcoins* conhecidas. Além da bitcoin, existem, literalmente, centenas de outras moedas.

Diversificar a detenção de criptomoedas pode ser uma jogada inteligente, especialmente se planearmos um projeto promissor. Quer seja a bitcoin ou qualquer outro criptoativo, é fundamental ter cuidado com quem se escolhe para investir. Qualquer projeto, incluindo a bitcoin, tem sempre hipóteses de chegar a zero. Nunca se deve investir mais do que aquilo que se pode perder.

Uma Nota sobre Segurança na Plataforma de Negociação

Nenhuma plataforma online é perfeita e nenhuma será 100% segura. Felizmente, a tecnologia tem progredido, cada vez mais, permitido que as transações se tornem mais seguras, a cada momento que passa. Ao realizarmos uma pesquisa profunda é possível passar a conhecer o historial da plataforma e se houve falhas da sua parte, no passado. Este procedimento pode prevenir certos inconvenientes.

Ponto-a-Ponto

O melhor da bitcoin é que não depende de um guardião. Não existe uma entidade que controle quem pode ter acesso à moeda, por isso é possível comprar bitcoins diretamente de pares. Tal, não costuma acontecer com as moedas tradicionais.

Considerando que as plataformas de negociação operam com fins lucrativos, solicitarão uma das suas opções de pagamento limitadas. A transferência ponto-a-ponto significa que é possível escolher a forma de pagamento. Poderá, dependendo da pessoa a quem se está a comprar, usar qualquer método de pagamento: transferências bancárias, pagamentos em dinheiro, Paypal, depósitos bancários, entre outros.

A plataforma ponto-a-ponto mais procurada é, sem dúvida, a LocalBitcoins. Aqui é possível conhecer pessoas, por proximidade geográfica, que possam estar interessadas em vender bitcoins. Permite, consequentemente, transacionar online ou realizar a negociação através de um encontro.

Porquê escolher Transferências Ponto-a-Ponto?

Para quem pretende adquirir bitcoins anonimamente, as transferências ponto-a-ponto são a opção ideal. Quando se compra diretamente de outro utilizador é desnecessário comprovar a identidade ou submeter documentos. Além disso, não existe limite de quantidade a ser negociada.

Porque não?

As aquisições ponto-a-ponto podem não ser tão simples quanto clicar em alguns botões numa plataforma de negociação importante, no entanto são a escolha de muitos utilizadores. É de salientar que o preço pode variar drasticamente. Alguns utilizadores podem solicitar uma margem comercial elevada no preço de mercado, por isso deve ser realizada uma comparação de preços para, assim, serem apuradas as melhores ofertas.

Uma Nota sobre Segurança

É de realçar que, quando se compra bitcoins a alguém que se conhece pela Internet, a segurança é primordial. Existem casos documentados de vítimas de roubo aquando das trocas de dinheiro feitas pessoalmente, por isso, é de ter presente o risco que este tipo de transações pode acarretar. A maior parte das pessoas está disposta a aceitar transferências bancárias ou mesmo via PayPal, em vez de encontros presenciais.

Geralmente, as plataformas de negociação possuem também um sistema de reputação. Permite dar opinião de como decorreram compras e vendas anteriores. É muito mais simples avaliar a segurança de uma potencial transação quando é possível visualizar a forma como lidaram com transações no passado.

Para encontrar mais informações e outros utilizadores de plataformas de negociação de bitcoin, aceder a:

https://localbitcoins.com

http://gemini.com

http://bitstamp.net

http://kraken.com

Comprar Bitcoin

Agora que já foi explicado como pode ser comprada, é hora de se explicar como pode ser usada. A boa notícia é que comprar é a parte mais complicada! Depois de possuirmos bitcoins na nossa carteira, podemos facilmente efetuar transferências para outros utilizadores e gastar.

Capítulo 6. Usar Bitcoins

Durante muito tempo, a bitcoin parecia algo estranho e não se entendia como poderia ser usada. Nos últimos anos, cada vez mais, as empresas começaram a aceitar a moeda e muitos serviços facilitaram também o seu uso no dia a dia.

Compras Online

As compras online são, de longe, a forma mais comum e original de se gastar e usar.

Neste caso requer-se apenas que se possua uma carteira com bitcoins.

De seguida, é necessário saber qual o endereço da carteira para onde se pretende efetuar o pagamento. Basta copiar e colar o endereço e digitar a quantia exata de bitcoins que é necessário.

Após este procedimento, estará feito um pagamento em bitcoins.

Como já foi dito, devemos garantir que está a ser enviado a alguém de confiança, uma vez que as transações não podem ser revertidas. É crucial que o utilizador se certifique de que o vendedor, com o qual está a efetuar a compra, tem um historial credível. Caso contrário, existe a possibilidade de não se receber o item e não terá nenhum recurso.

Lojas que Aceitam Bitcoins
O número de lojas que aceitam bitcoins cresceu exponencialmente nos últimos anos, mas muitas pessoas ainda não estão esclarecidas sobre como realmente funciona.

A forma mais comum de pagar nas lojas é usar a aplicação móvel da carteira para enviar bitcoins diretamente para o endereço pretendido, tal como um pagamento em dinheiro. É tão fácil quanto digitalizar um código QR.

No entanto, existem algumas lojas que fizeram uma atualização de modo a ser utilizado um serviço de ponto de venda que aceite bitcoins. Enquanto estes pontos não são comuns, existem outras formas de pagar com bitcoins no minimercado do bairro.

B

> *"Neste sentido, a Coinmap facilita bastante. Ao aceder a CoinMap.org podemos verificar*

quais são as lojas nas proximidades que aceitam atualmente bitcoins. O adesivo que poderá ser encontrado nestes estabelecimentos designa-se por: "Bitcoin Aceite Aqui". Será surpreendente a quantidade de lojas que irá aderir futuramente."

Cartões de Débito Bitcoin

Ao longo dos anos, tornou-se, sem dúvida, num hábito utilizar um cartão de débito para pagar itens em lojas, multibancos, restaurantes e lojas online. É o símbolo do comércio moderno. Para alguns, é isto que faz a bitcoin parecer tão estranha. É um processo diferente da forma usada, para se pagar uma compra. Existem, felizmente, muitas empresas que agora oferecem cartões de débito que funcionam da mesma forma que os tradicionais, a diferença é que estão conectados à carteira bitcoin.

CryptoPay
A CryptoPay é uma das mais antigas fornecedoras de cartões de débito bitcoin. Oferece um cartão de débito de PIN ou chip, sendo que pode ser utilizado em qualquer lugar do mundo, que aceite cartões VISA. Neste preciso momento, é possível solicitar-se um cartão, não havendo a necessidade de comprovar a identificação. É fácil!

Para encontrar mais informações aceder a:
http://CryptoPay.me

Coinbase

Para os clientes norte-americanos, esta foi a primeira empresa a disponibilizar um cartão de débito, que se encontra disponível nos Estados Unidos e em alguns países da Europa e da Ásia. A Coinbase, a cada compra, retira os fundos necessários da carteira bitcoin, correspondentes ao valor em dólares.

Para encontrar mais informações aceder a: https://www.coinbase.com/

Usar Bitcoins

Fácil! A bitcoin é mais fácil de usar do que parece e, a cada dia que passa, tem-se tornado cada vez mais fácil.

Infelizmente, sobra um grande desafio para o uso das bitcoins em pequenas transações diárias – as taxas. Toda a transação, por menor que seja, geralmente, requer o pagamento de uma taxa de mineração, de forma a ser incluída no bloco seguinte. No caso de se efetuarem somente pequenas transações em lojas, estas taxas poderão aumentar com o tempo. Este é um grande obstáculo no caminho da adoção desta moeda. Se a bitcoin quiser ser útil para as transações pequenas e comuns, estas taxas necessitariam de cair significativamente.

Com as taxas crescentes a inviabilizarem a bitcoin para transações comuns, a maior parte do entusiasmo atual gira em torno do investimento. Uma tecnologia como a bitcoin pode ser um fator disruptivo perante toda a indústria financeira. Como tal, o seu valor tem vindo a aumentar. Muitos afirmam que o melhor é deter as bitcoins e ficar a assistir a esta subida.

Capítulo 7. Investimento em Bitcoins

O desejo de muitos é ter uma boa quantia guardada, que dê um bom retorno e, de preferência, que não seja preciso fazer qualquer esforço. A maior parte das pessoas investe num Plano Poupança Reforma ou escolhe um conjunto de ações que considera tratar-se de uma boa aposta, a longo prazo, e que possa vir a proporcionar um rendimento estável.

Com a criação da bitcoin, surgiu um novo método de investimento. O investimento nesta criptomoeda, ou noutras, pode ser mais rentável do que o investimento tradicional. Contudo, existem sempre riscos.

Investimentos de longo prazo

Todos nós encaramos as ações, os imóveis ou o ouro como investimentos a longo prazo, mas e se existir uma força disruptiva neste meio que tenha vantagens sobre estes três. É exatamente o que a bitcoin pretende ser.

Há alguns anos, a bitcoin era comprada por apenas 8 centavos de dólar. Hoje, a bitcoin vale mais de 7000 dólares. Esses retornos massivos são incomparáveis com qualquer outro investimento no mercado de hoje. Esse tipo de aumento rápido provavelmente não acontecerá novamente, mas existe um argumento razoável de que a bitcoin continuará a crescer.

B

> *"A forma mais segura é investir em planos de detenção a longo prazo ou, pelo menos, ter bitcoins de reserva que sirvam para esse fim."*

O objetivo então pode ser comprar bitcoins, na expetativa de permanecer no jogo, nos próximos anos. Pode ser realmente um investimento benéfico? Podemos esperar que a bitcoin aumente? E estas oscilações loucas que vamos ouvindo falar?

B

> *"Para que se entenda o investimento em bitcoins, há alguns aspetos importantes a serem abordados. Serão facultados outros recursos importantes para ler no final deste livro. Estamos a ir na direção certa."*

Pico do Preço

É impossível afirmar onde, a bitcoin, vai parar. O diretor-geral da ShapeShift acredita que em 2021 o mercado de criptomoedas terá aumentado para dez vezes o tamanho de 2017. O que isto significa para a bitcoin?

O futuro é uma incógnita. Com o crescimento contínuo, o preço continuará a subir. Quanto maior é a procura, maior é o preço. É tão simples quanto isso. Mesmo que o crescimento da bitcoin diminua nos próximos anos, uma procura contínua resultará em ganhos incríveis, para alguém que pretenda deter a longo prazo.

Compreender as Oscilações

Esta talvez seja a secção mais longa deste capítulo, mas por bons motivos. Para quem deseja investir em bitcoins, as oscilações são o aspeto que mais importa entender. O pânico fará as vendas dispararem, no entanto, correr o risco, pode trazer potenciais ganhos no futuro.

Existem várias razões pelas quais as oscilações acontecem e a bitcoin permanece volátil.

ADOÇÃO E INVESTIMENTO
Ultimamente, a adoção e o investimento têm estado na vanguarda das notícias da bitcoin. Tudo isto ocorre, de um modo geral, nos ciclos de expansão e de retração, em que a bitcoin aumenta ou diminui drasticamente, dependendo do que estiver a suceder nos mercados.

As taxas de adoção aumentarão e diminuirão, exatamente como o preço. Quando passar por períodos de rápida adoção, o preço aumentará. Quando as taxas de adoção diminuírem, o preço cairá. É difícil de prever, dificultando assim a negociação diária. O investidor comum não deve optar pela estratégia de *market timing*, comprando em baixa e vendendo em alta. Se acreditarmos na bitcoin e na cadeia de blocos como o futuro da moeda, devemos comprar e deter.

O investimento é bastante importante para compreender as oscilações. À medida que os grandes investidores do mundo financeiro forem investindo em bitcoins, os preços poderão por vezes aumentar vertiginosamente. A JP Morgan, a Goldman Sachs e a American Express, por exemplo, investiram recentemente em empresas relacionadas com a bitcoin. Tal, pode conduzir à aquisição de bitcoins em larga escala, aumentando o preço. A adoção por parte das pessoas pode aumentar, pois veem especialistas a demostrar interesse nesta moeda e respetiva tecnologia.

MÁ IMPRENSA
A má imprensa pode prejudicar seriamente as taxas de adoção e provocar um fluxo de preços. A cada declaração do governo ou violações de segurança que acontecem, o preço pode entrar em grandes oscilações, dependendo daquilo que seja proferido pela imprensa sobre esse momento.

Em outubro de 2013, por exemplo, a Silk Road foi encerrada pelo FBI por vender narcóticos e armas online. A ampla histeria contra a bitcoin fez com que o público considerasse que esta teria a mesma índole. Como resultado, os preços caíram temporariamente.

O mesmo pode ser dito em relação à história da Mt. Gox, referida anteriormente. Fechou no início de 2014 e, por esse motivo, voltou a assistir-se a uma grande reviravolta no preço da bitcoin.

A bitcoin flutua em média à volta de 2% por dia.
Embora seja algo que a maior parte das pessoas não prestará muita atenção, para investir em bitcoin, podem ser decisivas as reações negativas da imprensa.

BOA IMPRENSA
Uma boa publicidade é importante para todo o ecossistema bitcoin e é fundamental para quem quer investir em bitcoins. Assim que surge uma história sobre uma inovação tecnológica, os técnicos aprendem sempre um pouco mais. Quando há uma história sobre um banco que investiu em bitcoin, há sempre outras empresas que vão analisar um possível investimento. Todas as histórias sobre um negócio que envolve bitcoins leva outros a fazerem o mesmo.

Pesquisas recentes sugeriram que esse fator pode não ser tão grande quanto a má imprensa. De qualquer forma, com todos os artigos positivos que são publicados, a bitcoin acaba por ficar mais conhecida. A sua adoção impulsiona a moeda e garante um crescimento contínuo.

MELHOR QUE AS AÇÕES?
Para a maior parte das pessoas, investir em ações sempre foi o caminho para obter ganhos a longo prazo, e continua a ser o verdadeiro método de investimento.

Importa questionar se a bitcoin possa vir a ser considerada mais importante do que os investimentos em ações. Muitos especialistas em finanças têm sugerido que é uma aposta melhor do que a do ouro, como reserva de valor fora do sistema financeiro tradicional.

A forma correta de a encarar como algo melhor que as ações é que se trata de uma moeda, por si só. Pensando em investir em ações. Podem ser guardadas no nosso portfólio pelo tempo que desejarmos. Através de uma corretora, as ações podem ser vendidas e o respetivo dinheiro pode ser usado no que entendermos.

Com a bitcoin, tudo o que se pode fazer é gastar. Não existe qualquer impedimento intermediário que proíba o seu uso, quando for necessário. De facto, o dinheiro que se mantém na carteira do dia a dia terá os mesmos retornos do que é mantido em armazenamento a frio.

B

> *"Essencialmente, isto significa que apenas possuir bitcoins é o mesmo que estar a investir. O mesmo não pode ser dito para as ações. Até ao dia em que se puder pagar as compras com ações (o que nunca acontecerá), existirá sempre uma vantagem distinta ao investir em bitcoins."*

Negociação a Curto prazo

Pode não ser bom para alguém que nunca tenha negociado.

Para quem não tem experiência em investimentos a curto prazo, vale a pena dar uma breve explicação, para que se entenda sobre este assunto, referindo as diferenças com a detenção a longo prazo.

A negociação a curto prazo significa que se adquire bitcoins a um preço baixo, vendendo a um preço mais alto, voltando posteriormente a repetir este processo. Vai sendo gerado lucro podendo tirar-se proveito das alterações diárias e, inclusive, hora a hora, com a movimentação do preço da moeda. Isto faz-se com as ações ordinárias quando um grande evento ou uma mudança está prestes a acontecer, para que se possa obter um lucro rápido, sendo que este pode ser investido noutras iniciativas de natureza semelhante. Com a bitcoin, é também prática comum.

A sua volatilidade torna-a numa excelente candidata para uma estratégia de negociação a curto prazo. Apesar de, a média das oscilações diárias rondar os 2% no total, ocorrem oscilações muito maiores à volta de determinados eventos, bem como nos ciclos de expansão e de retração.

É possível, igualmente, negociar-se com outras criptomoedas. Existem muitas moedas alternativas que tendem a ganhar bastante dinâmica antes de, eventualmente, perderem algum entusiasmo.

É tentador pensar que podemos encontrar o momento do mercado e lucrar com negociação a curto prazo.

Infelizmente, pesquisas e estudos demonstram que não é verdade. As criptomoedas são de momento um mercado em alta, sendo que comprar e deter bitcoins e outras criptomoedas é a melhor forma de investir.

HAVERÁ ALGUM MOTIVO PARA NÃO SE INVESTIR?

Os analistas de investimentos ainda são cautelosos quanto a recomendar a bitcoin como investimento. Existem alguns motivos para isso e ainda se depende largamente do quanto se acredita na economia Bitcoin. Para aqueles que promovem a inovação tecnológica, estas podem não ser as suas principais preocupações, uma vez que reconhecem as implicações da adoção a longo prazo.

Em primeiro lugar, não tem o mesmo apoio que têm as moedas tradicionais fiduciárias. Estas têm um valor tangível sendo que se baseiam na boa fé de um corpo governativo. Em vez disso, o valor da bitcoin fica à consideração dos seus utilizadores. Isto significa que pode ser mais inconstante e desregulado. O facto de estas moedas não serem transacionadas na Wall Street, cria um sentimento de insegurança por parte dos investidores, tornando a sua adoção mais lenta. Isso torna o comércio mais intensivo do que o investimento regular e leva a uma perceção de que é algo muito complexo. Este investimento é algo mais do que investir em métodos tradicionais. Pode exigir um maior grau de atenção e mais tempo para aprender. Este livro é um bom ponto de partida.

De seguida há o problema da regulamentação. Neste momento os governos estão a revelar uma enorme lentidão no que diz respeito à aprovação de regulamentação. Isto tornaria possível ver a bitcoin como um método de investimento, a par com outros fatores económicos. Os famosos gémeos Winklevoss tentaram lançar um ETF baseado em Bitcoin, no entanto a proposta foi declinada pela SEC. Presentemente, a bitcoin pode ser um grande investimento, mas não será amplamente adotada até que sejam implementados melhores sistemas.

Poderá ser inimaginável, mas a cadeia de blocos é a próxima grande revolução tecnológica. A bitcoin pode não ser necessariamente a vencedora. Atualmente, existem centenas de criptomoedas, sendo que muitas delas estão a competir para destronar a bitcoin. Alguém que invista em bitcoins será igualmente sensato se diversificar as suas detenções com outras criptomoedas importantes.

Importa relembrar que a bitcoin e outras criptomoedas são extremamente voláteis. É necessário ter sangue frio para investir. Para além disso, é necessário ter presente que investir é uma atividade de alto risco.
Especialmente no que diz respeito a criptomoedas, nunca se deve investir mais do que aquilo que se pode perder.

Investimento em Bitcoin

Com todas estas informações, temos agora uma ideia do que significa investir em bitcoins e podemos começar a pensar de que forma gostaríamos de realizar esse investimento.

Tudo o que diz respeito a investimento em criptomoedas já foi abordado neste livro. Para aprofundar mais sobre este assunto recomenda-se a leitura do livro, do mesmo autor, "**A Bíblia do Investimento em Criptomoedas**" (http://mybook.to/cryptoBible). Abrange tudo o que é necessário saber sobre como entrar no mercado das criptomoedas, atualmente, incluindo sete estratégias de investimento.

Capítulo 8. Bitcoins para Negócios

Comprar e gastar bitcoins é ótimo quando se entende o seu funcionamento, mas se formos donos de uma empresa, existem outras oportunidades. De seguida, será referido como começar a usar e aceitar pagamentos em bitcoins, como parte do negócio.

Será abordada a forma de poder acolher esta tecnologia no modelo de negócios. Façamos crescer a comunidade de empreendedores entusiastas da bitcoin!

Porquê a bitcoin?

Todos sabemos como os utilizadores da bitcoin têm vontade em encontrar novas empresas que aceitem esta moeda. Quer se acredite ou não, existe um número absurdo de problemas que as empresas enfrentam, que poderiam ser resolvidos com uma adesão às moedas digitais.

Extinção da Fraude
Quem já aceitou pagamentos, com cartão de crédito, no seu estabelecimento comercial, sabe perfeitamente que as cobranças são angustiantes. Mesmo tendo a certeza de que o cliente efetuou o pagamento face à impressão do recibo da máquina, pode acontecer, posteriormente, o fornecedor do cartão cobrar um pagamento fraudulento. Fraudes como esta são um dos maiores problemas que os comerciantes online enfrentam.

"Assim que uma transação bitcoin é iniciada, é enviada para toda cadeia de blocos e todos podem verificar que a transação ocorreu e foi concluída. Depois de ser confirmada, não pode ser cancelada ou revertida."

Se for necessário, pode ser enviado um reembolso aos clientes, no entanto, estes, por iniciativa própria, não o podem fazer. Isto significa que nunca haverá um estorno com as respetivas taxas associadas, ou seja, quando alguém paga, deixa de poder recuperar esse mesmo pagamento, assim que o pedido estiver concluído.

Taxas Baixas

É frequente encontrar estabelecimentos comerciais que não aceitam cartão de crédito para compras abaixo de determinada quantia. Na realidade, as taxas impossibilitam essa aceitação e de uma forma geral, inibem o negócio. Para quem aceita, as taxas de processamento do cartão de crédito vão somando de forma exorbitante.

A bitcoin, mais uma vez, poderá resolver o problema. De facto, muitos comerciantes afirmam que este é o principal motivo que os levou a aceitar a bitcoin, para além de abrirem novas portas a um novo tipo de clientela, ansioso por encontrar estabelecimentos que aceitem.

B

"A taxa média de transação do cartão de crédito situa-se entre 2% e 4%, com algumas taxas extras adicionadas em certos casos. Pode não parecer muito, mas se a cada transação perdermos 4%, no final das contas, será uma grande quantia.

A BitPay, que será abordada mais adiante neste capítulo, não cobra qualquer taxa, exige apenas uma assinatura, que ronda os 300 dólares. Na verdade, não é nada comparado com as taxas do cartão de crédito.

Pagamentos Rápidos para Grandes Compras ou Compras Internacionais

Pode levar bastante tempo a efetuar grandes transações ou transações internacionais. Pode levar mais de uma semana para uma transferência bancária internacional ser confirmada e depositada na conta pessoal. Cada vez que isto acontece, parece sempre que não se está a dar uma ordem e nem se está a efetuar uma transferência.

A bitcoin elimina, por completo, o problema. Independentemente do tamanho ou da proveniência do pagamento, este entra na carteira e é confirmado quase instantaneamente. No entanto, se não estiver familiarizado com o cliente, deverá aguardar por várias confirmações.

Trata-se de uma grande inovação para pequenos negócios. Muitas pequenas empresas, simplesmente, não aceitam compras internacionais, uma vez que as taxas de transação e os problemas associados poderão ser um constrangimento para alguém que não tem o apoio de uma grande rede de recurso e colaboradores. A barreira invisível que as pequenas empresas enfrentam é totalmente eliminada pelo uso da bitcoin.

Histórico de Transações Transparente
É importante que as empresas tenham um registo transparente de todas as suas transações. Seja para os clientes, seja para as autoridades tributárias, é necessário comprovar todas as transações que foram processadas. Com a bitcoin tudo fica à vista e, de facto, qualquer um pode verificar. Pode ser uma preocupação no que diz respeito à privacidade, mas é de relembrar que o endereço da carteira não nos identifica especificamente.

Aceitação da Bitcoin

Vejamos de seguida como pode ser feito. Depois de uma leitura atenta, podemos tirar as nossas conclusões. É mais simples do que parece. Tem havido muito esforço para tornar o uso da bitcoin o mais fácil possível. Afinal, todos querem ser os pioneiros na tecnologia comercial de bitcoin.

Processamento de Pagamento

É fácil ficar atolado em todos os processadores de pagamento existentes, no entanto existem dois principais: Coinbase e BitPay.

Faremos de seguida uma breve análise de ambas, com o intuito de poder dar a escolher a melhor opção possível.

COINBASE

A Coinbase é provavelmente um dos mais famosos processadores de pagamento bitcoin do mundo. É algo gigantesco pois lida com transações de milhões de dólares, todos os dias e estão no caminho para se tornarem o serviço número um, para proprietários de negócios.

Tornaram bastante fácil o câmbio de bitcoins e de moedas fiduciárias também. Quando se começa a aceitar pagamentos em bitcoins, a Coinbase o converte de forma automática, diariamente. Isto significa que, no final do dia, todos os pagamentos recebidos são transferidos automaticamente para conta bancária, na moeda nativa. Por enquanto ainda demora até três dias úteis para concluir esta transferência. De qualquer das formas, continua a ser bastante mais rápido do que receber pagamentos de processadores de cartão de crédito tradicionais.

Quanto às taxas, a Coinbase não cobra pelas suas primeiras transações no valor de 1.000.000 de dólares. Posteriormente, passa a pagar-se apenas uma taxa fixa de 1%. A maior parte da empresas demorará um pouco a atingir este nível de taxa, mas assim que acontecer, será economizada uma enorme quantia, comparando com os métodos tradicionais.

O que os diferencia é que também implementaram uma plataforma de reembolso na sua API. Como já foi referido, os pagamentos em bitcoins, não são reembolsáveis. Calculam-se e enviam-se os reembolsos manualmente. Com a nova plataforma da Coinbase, é possível efetuar reembolsos de transações facilmente, a partir de pagamentos com cartão de crédito.

Para encontrar mais informações sobre este assunto aceder a: *http://coinbase.com/merchants?locale-en*

BITPAY

Depois da Coinbase, a BitPay apresenta um dos processadores de pagamento mais aceites. Foi na realidade um dos primeiros processadores de pagamento a chegar ao mercado e tem estado em alta.

Existem muitas opções na plataforma, pelo que vem facilitar os pagamentos em bitcoins. É possível digitalizar um código QR, copiar e colar o endereço da carteira ou simplesmente clicar num link para pagar diretamente com o *software* bitcoin.
Independentemente do nível de experiência que têm com a bitcoin, poderão fazer compras e garantir que seja pago.

Do lado do proprietário, não poderia ser mais fácil. A maioria dos sistemas de compras em uso pode adaptar facilmente a plataforma bitcoin, quer se esteja a operar através de uma loja online ou através de uma loja física. Para sites, é uma linha de código simples que pode alterar o modo de processamento dos pagamentos.

As lojas físicas poderão usar uma aplicação que aceite pagamentos ou integrar nos seus sistemas POS já existentes.

A BitPay tem um benefício sobre a Coinbase, os pagamentos em bitcoins são transferidos para a moeda fiduciária em tempo real e estão disponíveis nas contas bancárias, no dia seguinte. É bastante importante para as empresas que estão constantemente a lidar com fornecedores e precisam de ter os seus ganhos disponíveis, o mais rápido possível. É mais um motivo pelo qual a BitPay pode revolucionar os negócios, em comparação com os pagamentos com cartão de crédito, que podem demorar uma semana a chegar.

Este sistema de conversão está incluído no pacote gratuito que oferecem às empresas que começam a aceitar a bitcoin. É bastante mais barato mais barato em relação aos gastos a ter para se poder aceitar cartões de crédito. Como não é necessário ter uma infraestrutura configurada, podemos começar do zero e tornarmo-nos especialistas, sem custos e no tempo que for necessário.

No caso do plano gratuito não ser adequado, disponibilizam outros planos pagos. Inclui o acesso a VPN, a integração do sistema QuickBooks POS, entre outros recursos. Os planos Enterprise e Business adicionam muitos recursos que se tornam cada vez mais úteis à medida que empresa vai crescendo. Os planos pagos trazem mais benefícios às grandes empresas, no entanto, por uma questão de habituação, recomenda-se o plano gratuito, no início.

Verificar o link http://bitpay.com/pricing para obter mais informações sobre os diferentes planos e sobre o que estes podem oferecer aos proprietários das empresas.

Loja Online

As lojas online foram as primeiras a aceitar bitcoins, mas atualmente as lojas físicas também já aceitam.

Neste caso, são necessárias algumas linhas de código. Existem muitos processadores de pagamento bitcoin, que foram concebidos de modo a tornar este processo o mais fácil possível. Além do mais, muitas das plataformas de comércio eletrónico também já estão configuradas para integrar terminais de pagamento em bitcoins.

B

> *"Certifique-se de que adicionou a imagem Bitcoin Aceite Aqui no seu site para que as pessoas saibam que podem usar bitcoins.*

Muitas pessoas procuram isso quando visitam um site e é uma ótima forma de ajudar a divulgar a bitcoin. Se um cliente que antes não se interessava por este assunto, reparar que o site está agora a usar esta forma de pagamento irá, garantidamente, ficar a pensar sobre a possibilidade de poder aderir à sua utilização."

Loja Física

Talvez seja mais fácil aceitar bitcoins numa loja física do que num site. Quem estiver a utilizar um dispositivo móvel (telemóvel ou tablet) como um sistema POS, pode facilmente adicionar a bitcoin e começar.

No caso de se tratar de um sistema POS mais antigo, será necessário atualizar para algo mais recente ou considerar aceitar o uso de um processador de pagamento bitcoin. Será uma verdadeira ajuda, para ter as contas em dia.

B

"Do mesmo modo que se tem o símbolo da marca no site, deve informar-se os clientes de que se aceita bitcoins, com o devido sinal na janela e na caixa registadora!"

Bitcoin para Negócios

Fácil! É mais simples do que parece. Vendo bem, não é preciso muito para começar a integrar a bitcoin no negócio!

Capítulo 9. Mineração de Bitcoins

É hora de aprofundar um pouco sobre a origem da bitcoin. São os governos que comandam os destinos das moedas tradicionais. O dinheiro ganha-se e gasta-se. Em relação à bitcoin é um pouco mais complicado pois não existe um governo central que fiscalize e inspecione.

Todos Podem Participar
O principal aspeto positivo da bitcoin é exatamente isto. Foi concebido para ser descentralizado, ou seja, não tem um controlo central. Qualquer pessoa pode fazer mineração se tiver as ferramentas certas e uma boa ligação à Internet.

O que Significa Mineração de Bitcoin?

A bitcoin surge quando um bit e uma moeda se encontram?

Será mesmo assim? Vejamos, esta moeda tem de vir de algum lado, correto? Resumidamente, vem de uma série de cálculos informáticos. É também o que confirma as transações e garante a segurança da rede.

O papel e a utilidade da mineração.

Proteger a Rede
A função mais importante da mineração é proteger a rede bitcoin. Quando um computador está a minerar, está a resolver um quebra-cabeças criptográfico

complicado, que se baseia no conteúdo do bloco corrente. A mineração cria um *hash* de todo o conteúdo do bloco. É necessário que o *hash* do bloco corresponda a determinados critérios, antes de ser aceite pela rede. Assim, a mineração adiciona alguns caracteres aleatoriamente para o conteúdo, recriando o *hash* do bloco. O computador efetua este procedimento milhares de vezes, tentando diferentes sequências de caracteres aleatórios, até encontrar uma que corresponda aos critérios do quebra-cabeças.

Uma vez que o quebra-cabeças é complexo, alguém que tente atacar a rede e alterar a cadeia de blocos precisará de muita capacidade computacional de modo a minerar blocos falsos mais rápido do que os mineiros reais, que se encontram a minerar blocos genuínos. O quebra-cabeças e os mineiros que nele trabalham, protegem a rede.

Confirmar Transações
Quando é enviada uma transação para a rede bitcoin, os mineiros confirmam que a transação é válida antes de ser incluída num bloco. Isto implica vasculhar a cadeia de blocos para garantir que as moedas envolvidas na transação não foram gastas anteriormente.

Ganhar Recompensas
Quem não gostaria de ganhar bitcoins tendo apenas um programa a ser executado no computador?

Podemos calcular que muitas pessoas adorariam e foi o que sucedeu quando a mineração de bitcoin se tornou conhecida. Basicamente, recebe-se uma recompensa por cada novo bloco que se descobrir. As moedas são concedidas após a criação bem-sucedida de um novo bloco, e, durante anos, essa foi uma das maneiras mais comuns de os entusiastas ganharem dinheiro enquanto construíam a rede.

Atualmente, a mineração de bitcoin tornou-se incrivelmente competitiva. A maior parte da mineração é feita por enormes operações de armazém de mineração na Rússia e na China. Aquilo que era visto como um passatempo para alguns, tornou-se um negócio. Infelizmente, isto significa que as pessoas comuns não ganharão dinheiro se se juntarem ao jogo da mineração. É, de momento, muito competitivo.

B

> *"Recebe-se ainda um retorno por cada transação que seja criada numa cadeia de blocos. Isto será o que vai controlar as recompensas de mineração no futuro."*

Hardware de Mineração

De seguida, vamos aferir o que devemos ter em consideração em relação à mineração de bitcoin.

CPU

No início, a única forma de minerar bitcoins era através da CPU do computador. Foi assim que as coisas funcionaram para o cliente inicial de Satoshi, e foi bastante eficaz. Ao longo dos anos, os mineiros trabalharam para encontrar formas mais eficazes de minerar, e agora, a mineração de CPU, simplesmente não tem o poder de minerar eficientemente novas moedas, a uma taxa que demonstre ser lucrativa.

Isto ocorre porque a CPU foi primeiramente projetada para ser a unidade de tomada de decisão do computador. É responsável por lidar com os processos do dia a dia que vão sendo executados, em vez de fazer o trabalho pesado.

Existem algumas situações em que ainda é possível usar a mineração de CPU. Pode ser usado simplesmente para sabermos se estamos a participar na rede. Este procedimento não gera lucro, mas pelo menos ficamos mais tranquilos ao sabermos que fizemos a nossa parte em manter a rede em funcionamento, melhorando assim o futuro da bitcoin.

Podemos, inclusivamente, decidir entrar numa piscina de mineração, que se trata de um conjunto de utilizadores que agrupam os seus recursos e compartilham as recompensas que recebem. Pode equilibrar ligeiramente os nossos retornos se a nossa capacidade for combinada com as de outros.

GPU

Enquanto que a CPU é a responsável pela tomada de decisão, a GPU é o verdadeiro cavalo de batalha dos computadores. A GPU lida com o processamento gráfico e executa tarefas matemáticas, muito complexas, envolvidas na execução de vídeos.

Por esse motivo, a mineração de GPU é exponencialmente mais rápida do que a mineração de CPU. De facto, pode ser até cem vezes mais poderosa. Deste modo, a mineração de GPU tornou-se na escolha preferida dos mineiros. Muitos instalarão um sistema, que inclui várias unidades, para terem acesso ao equipamento de mineração, mais poderoso possível.

É importante observar que os processadores de AMD têm demonstrado ser cada vez mais eficientes. Será algo a ser analisado, mais adiante, quando for abordado o modo de configuração da plataforma de mineração.

FPGA

O nível seguinte de mineração de bitcoin veio com o advento dos sistemas FPGA (arranjo de portas programáveis em campo). A Butterfly Labs lançou a primeira versão bem-sucedida de um dispositivo de *hardware* de mineração inteiramente dedicado a esse único objetivo.

Foi o início do que é conhecido atualmente como indústria de mineração de bitcoin. Estes dispositivos não são cem vezes mais poderosos, como aconteceu na transição da CPU para a GPU. Pode afirmar-se que é cinco vezes mais poderoso que a anterior unidade de processamento, sendo que tornou a mineração de bitcoin verdadeiramente lucrativa e eficiente. Consomem pouca energia, são económicos e são fáceis de usar.

ASIC

A última invenção encontra-se na forma de chip de circuito integrado de aplicação específica, ou simplesmente ASIC. O lançamento no mercado aconteceu em 2013 e melhoraram excecionalmente nos últimos anos. Minerar bitcoins é a única funcionalidade destes dispositivos. Pode ficar a trabalhar, sem necessidade de supervisão. Atualmente é a mineradora mais procurada.

Tendo em consideração a quantidade de energia necessária para executar um dispositivo ASIC, são de facto bastante poderosos em termos de mineração de bitcoins. Estes são os melhores dispositivos, sendo francamente superiores às CPU, às GUP e aos FPGA.

O seu poder também significa que a mineração de bitcoin está a tornar-se mais complexa, a um ritmo mais acelerado. Muitos consideram que o ASIC é a única opção viável. Depende claramente dos recursos que se possui e, também, do que se deseja obter.

Com o atual ambiente competitivo na mineração de bitcoin, é provável que não se faça dinheiro com a mineração. Não é motivo para nos despedirmos amanhã, mas talvez possa ser um passatempo interessante.

Dificuldade da Mineração

Já se falou sobre a dificuldade de mineração. O que significa realmente? Bem, a rede ajusta-se, pois, existe a descoberta constante de novos blocos. Isto significa que quanto mais mineiros integrarem a rede, mais a rede aumenta a dificuldade de encontrar novos blocos. Isso também significa, por exemplo, que se uma grande quantidade de energia fosse subitamente retirada da rede, a dificuldade diminuiria drasticamente.

CONFIGURAR UMA PLATAFORMA DE MINERAÇÃO

Configurar uma plataforma de mineração não tem de ser propriamente uma tarefa complicada. Será apresentado de seguida o necessário para ajudar a efetuar essa configuração.

É de ter presente que quando se entra numa piscina, geralmente, esta tem o seu próprio *software*.

É possível usar um *software* separado para o efeito, mas, nesse caso, o computador deverá transformar-se na sua própria plataforma de mineração. Vejamos o CGMiner como um exemplo.

1) Entrar em http://ck.kolivas.org/apps/cgminer/ e efetuar o download da mais recente versão de *software* de mineração.

2) Extrair o conteúdo do ficheiro zip e colocar numa pasta de acesso rápido.

3) Criar um ficheiro *batch* (usando as respetivas instruções da piscina de mineração).

4) Iniciar o CG Miner e verificar se este deteta todas as GPU, se tiver mais de um.

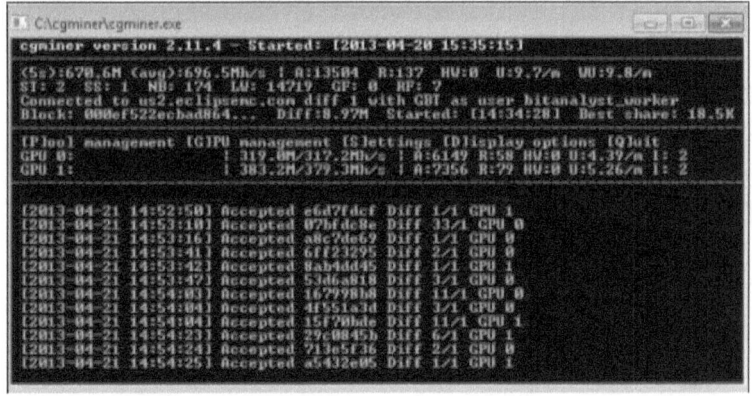

PISCINA DE MINERAÇÃO

Uma vez que a dificuldade em minerar aumentou, os utilizadores estão, cada vez mais, a utilizar as piscinas de mineração.

Para os mineiros que trabalhem sozinhos, até gerarem um bloco e ganharem a respetiva recompensa, pode levar anos. As piscinas de mineração ajudam a distribuir os ganhos ao longo do tempo, uma vez que oferecem uma pequena percentagem, com base na capacidade computacional disponibilizada, de cada bloco que a piscina resolve.

B

> *"Para resolver este problema, os mineiros reuniram os seus recursos para que pudessem gerar blocos com mais eficiência e, portanto, ganhar mais recompensas. Significa também que as recompensas em bloco serão recebidas com maior regularidade."*

Pagamentos

Os sistemas de pagamento configurados pelas piscinas de mineração podem ser um pouco complicados. De seguida é apresentado o essencial para se iniciar uma jornada.

Existem vários métodos de pagamento.

-PPS (Pagamento por Ação): Esta metodologia apresenta pagamentos instantâneos e garantidos, para cada ação de um bloco que um mineiro resolva. O valor é retirado do saldo da piscina e pode ser efetuado de modo imediato, mas pode acarretar alguns riscos para a pessoa que opera nessa determinada piscina. Teoricamente, seria possível que todos se retirassem, enquanto o conjunto da piscina está a perder. Isto pode exigir que o operador tenha até 10k bitcoins, apenas para se proteger.

-PROP (Proporcional): Esta é uma abordagem proporcional aos pagamentos que dão aos mineiros uma porção da recompensa da cadeia de blocos a todos os membros, dependendo do número de ações encontradas para a piscina.

-BPM (Lama): É geralmente designado por "piscina de lama". É um sistema no qual mais peso é atribuído às ações presentes no final de um bloco, e não àquelas que possam mudar para uma piscina diferente.

Existem mais métodos de pagamento, no entanto estes são os mais usados. Através de uma pesquisa, é possível conferir os recursos de cada piscina de mineração. Apesar de já se ter referido anteriormente, importa relembrar que é de extrema importância realizar as pesquisas certas. É bom sabermos onde nos estamos a meter!

Onde Procurar

BTCC: Atualmente, esta é uma das maiores piscinas de mineração do mundo, controlando cerca de 15% da taxa total de *hash* da cadeia de blocos.

Slush Pool: É propriedade da Satoshi Labs. É, frequentemente, citada como uma das piscinas mais populares e respeitáveis do mercado. No entanto, muitas pessoas estão céticas, pois as operações são realizadas a partir de países como a Chéquia.

BitFury: É uma das maiores piscinas e também é produtora de *hardware* de mineração. Infelizmente é privada, pelo que ninguém de fora do grupo consegue acompanhar. Vale sempre a pena ter conhecimento.

Bitcoin.com: Este é um dos maiores sites de bitcoin do mundo e agora é uma das piscinas de mineração mais rentáveis.

Mineração de Bitcoin

A mineração de bitcoin é algo incrível.

Pense sobre isso. É possível ganhar bitcoins e, ao mesmo tempo, contribuir para esta se mantenha viva. Não nos estamos simplesmente a beneficiar, estamos a contribuir para algo que, potencialmente, mudará o modo como encaramos a economia e a moeda.

Capítulo 10. Segurança Bitcoin

A segurança da informação e a privacidade nunca foram tão importantes quanto hoje. Todos os dias se fala de ataques informáticos. Pode facilmente gerar-se algum pânico entre os utilizadores da bitcoin, até porque cresceu muito rápido e continua a ser incompreendida.

Vendo bem, será que a bitcoin é segura? A resposta pode surpreender. Ultrapassa bastante a simples resposta: "Sim, é segura." Será abordado cada aspeto do ambiente bitcoin e, no final deste capítulo, será fácil de constatar que se trata de uma das novas tecnologias mais seguras do mercado.

Nó de Bitcoin

Um nó é qualquer computador ou dispositivo interligado à rede bitcoin. Diz-se que um dispositivo é um "nó completo" quando está online, tem um histórico completo da cadeia de blocos e encontra-se a transmitir para a rede.

B

> *"A propósito, o bloco original é chamado de BLOCO GÉNESIS e Satoshi Nakamoto, dando-lhe uma recompensa de cinquenta bitcoins, criou-o!"*

Imaginemos que temos uma conta bancária. Bem, é fácil imaginar porque todos temos uma. A nossa conta tem um histórico e dá-nos a possibilidade de enviar e de receber fundos. E se o banco sofrer um ataque informático? Entrar numa base de dados pode dar a alguém a capacidade de alterar os registos de modo a afetar, não apenas a nós, mas também todos os clientes desse banco.

Imaginemos agora que todos os clientes têm acesso à base de dados nos seus computadores. Parece seguro, correto? Não se pode invadir algo que não está centralizado.

Se quisermos executar um nó bitcoin, não seremos recompensados como os mineiros, todavia, ajudaremos a manter a cadeia segura. Se estivermos interessados na tecnologia ou simplesmente desejarmos assistir ao seu crescimento, esta é uma ótima forma de participar. Por vezes, assistir ao avanço e progresso da tecnologia já é uma recompensa.

Segurança do Nó
Existe um hipotético problema que pode surgir com os nós de bitcoin, embora seja pouco provável.

Como tem sido referido ao longo deste livro, os endereços da bitcoin não contêm dados sobre a identidade da pessoa que o possui. Quando as transações são iniciadas, os dados deixam esse endereço e não são enviados diretamente para o novo endereço.

De facto, os dados são transmitidos para um conjunto aleatório de nós que, por sua vez, encaminham as informações para outros nós aleatórios. Significa que pode ser difícil rastrear as bitcoins em cada etapa do processo, mesmo sabendo de onde são provenientes.

A preocupação de segurança surge quando alguém tem o controlo de vários nós, que estão a receber os dados. Teoricamente, os dados combinados podem saber de onde vieram originalmente.

Com tantos nós a operar na rede bitcoin, isto é altamente improvável e quanto mais nós a bitcoin adicionar, menos provável será um ataque como este.

Se quiser saber mais sobre os nós e onde localizá-los, entre em http://getaddr.bitnodes.io

O Que Pode Então Ser Pirateado?

Mesmo que a rede descentralizada da bitcoin nunca sofra um ataque, não significa que outras partes da tecnologia não possam sofrer. A Internet não pode ser invadida, por exemplo, mas o nosso computador, garantidamente, pode ser.

Da mesma forma, os serviços que usam a rede bitcoin podem, eventualmente, ser vítimas de ataques informáticos, uma vez que normalmente dependem de um sistema mais centralizado para guardarem os dados. Existem de facto algumas falhas, comparando com os milhares pontos positivos da base de dados descentralizada que compõem a rede.

Significa que, apesar de tudo, mesmo que um serviço seja pirateado, a rede permanecerá segura, pois não há interligação direta entre as duas tecnologias. Embora as plataformas de negociação e carteiras utilizem a cadeia de blocos para processar e verificar transações, faz-se separadamente. Muitos pensam de forma errada. Já todos ouvimos falar sobre o quão insegura é a bitcoin, devido à vulnerabilidade de um serviço ou de outro. É necessário ter consciência de que – os serviços centralizados que usam bitcoin podem ter vulnerabilidades na sua segurança. Nos últimos dez anos, a cadeia de blocos da bitcoin não sofreu um único ataque. Embora as carteiras ou as plataformas de negociação possam ser atacadas, não é a bitcoin que sofre o ataque.

Teoricamente, há uma forma de piratear a bitcoin. É quase impossível de acontecer, face ao tamanho da rede. No entanto, é importante tomar conhecimento se queremos ter uma ideia do que é a segurança da tecnologia bitcoin.

O Ataque de 51% na Teoria

O ataque de 51% é puramente teórico. Vamos aprofundar, mais do que o habitual, apenas para garantir que esta ideia é realmente transmitida.

É muito pouco provável que aconteça, no entanto, não é totalmente impossível.

Vejamos: Se uma única entidade ou organização adquirisse o controlo de pelo menos 51% da capacidade computacional a operar na rede bitcoin, ou seja, a capacidade de processamento de mineração, poderia alterar a cadeia de blocos, de tal forma que causaria sérios danos a todos aqueles que usam bitcoins.

O QUE SIGNIFICA?
Supondo que somos detentores de uma empresa. No caso de uma empresa cotada em bolsa, se um acionista possuir 51% das ações, ou mais, controla a direção da mesma. O mesmo princípio aplica-se à bitcoin.

Com 51% do poder de mineração, seria possível, por exemplo, reverter transações levando ao que é designado por "duplo gasto ". Falaremos sobre este problema mais adiante.

Além disso, seria possível impedir que as transações fossem confirmadas por outros mineiros. Com todas estas transações em disputa, o detentor dos 51%, poderia receber todas as taxas de transação e bloquear as recompensas, para seu proveito. Colocaria todo o lucro criado pela mineração nos seus bolsos.

QUAL É A PROBABILIDADE DE PODER ACONTECER?
Houve momentos em que alguém quase chegou perto de conseguir operar, com a percentagem mágica, na rede. Não significa que o seu objetivo era tentar derrubar a rede, contudo apenas representava uma força poderosa na bitcoin daquela época.

Em 2013 e 2014, uma piscina de mineração chamada de Ghash.io foi a maior do mundo e conseguiu, algumas vezes, atingir os 51%. Foi totalmente involuntário, mas, ainda assim, constituía uma certa ameaça em relação às outras contas e à segurança da cadeia de blocos.

Como resultado, os proprietários da piscina e a comunidade mineira em geral, iniciaram a discussão sobre a necessidade de encontrar métodos para prevenir que, situações como esta, propositadamente ou não, voltassem a ocorrer no futuro. Para resolver a situação, a Ghash.io comprometeu-se a, futuramente, não ultrapassar o controlo de 29,9% do total de poder de mineração. Mesmo assim, é uma grande percentagem de poder para um grupo controlar, no entanto, está longe, o suficiente, do limite e não representa uma ameaça para a rede.

Desde então, esta piscina voltou a atingir o marco dos 51%, no entanto, sempre que acontecia, os registos eram suspensos de forma a retardar esse progresso, para que, uma vez mais, não cruzassem acidentalmente essa linha.

Depois de interromper repetidamente o registo, acabaram por cair no esquecimento. O baixo preço da bitcoin, na época, dificultava a obtenção de apoio das empresas de mineração, sendo que, por fim, cessaram as suas operações.

Até ao momento, nenhuma outra empresa chegou perto desta percentagem e o crescimento da bitcoin dificultou ainda mais. Atualmente a China tem algumas piscinas a operar à volta dos 25% da rede, mas nada que se compara com o nível atingido pela Ghash.io.

Duplo Gasto

Agora sim, vejamos o que significa – ataque de duplo gasto. Significa que, teoricamente, é possível gastar a mesma bitcoin duas vezes.

Na prática, não é muito eficiente. Por exemplo, alguém pode criar uma transação, minerá-la num bloco e, ao mesmo tempo, voltar a gastar essas moedas, antes de adicionar o bloco anterior à cadeia. Se parecer complicado, é porque, na realidade, é mesmo complicado.

Existe também o problema de se gastar moedas num lugar que não aguarde por confirmações. Teoricamente, é possível gastar essas mesmas moedas novamente, antes da confirmação da transação, enquanto se recebe o artigo.

Nenhuma desta possibilidades é realista, sendo altamente improvável. É mais fácil minerar moedas do que tentar um destes ataques.

Neste sentido, quando se estiver a receber em bitcoins, é sempre aconselhável aguardar que as confirmações sejam processadas.

Anonimato

Um aspeto da bitcoin, que recebe muita atenção, é a questão do anonimato quando se trata de transações, fundos ou uso geral. É verdadeiramente anónimo?

A resposta mais rápida é que não é totalmente anónimo. Contudo, existe um certo nível de anonimato que acompanha as moedas digitais, em comparação com as transações tradicionais de cartões de crédito. Se é considerado totalmente anónimo, pode ser, em grande parte, uma questão de opinião pessoal.

Para começar, as carteiras Bitcoin são identificadas apenas pela sequência de números e letras que compõem o endereço dessa carteira específica. Nenhuma informação está vinculada a esse conjunto de dados. Não inclui o nosso nome. Não inclui a nosso endereço. Não inclui nenhuma informação que a identifique como a nossa própria carteira. Com isso, é possível ter um nível de segurança e anonimato que nunca se obterá com os métodos bancários tradicionais.

Isto não significa, porém, que não haja registo do que a carteira está a fazer. Devido à própria natureza da cadeia de blocos, todas as transações fazem parte do registo público e podem ser visualizadas por qualquer pessoa. Todas as transferências de entrada e saída estão à disposição para serem consultadas. Supondo que enviamos 0,03 bitcoins a um amigo. Essa transação será feita em público, mas ninguém conhecerá as duas partes que estão a transferir fundos.

Se alguém tiver o nosso endereço de carteira público, é relativamente fácil de monitorizar, usando o site Blockchain.info . Ao fazer isso, é possível prestar atenção a todas as nossas transações efetuadas e também visualizar todas as transações do passado.

Misturar

De qualquer modo, existe uma forma de guardar as bitcoins anonimamente. A tecnologia permanece em constante desenvolvimento, mas não é possível enviar bitcoins através de terceiros. Poderiam confundir e enviar para um endereço diferente perdendo-se a ligação entre o ponto A e o ponto B. Caso se procedesse deste modo, estar-se-ia a impedir que a cadeia de blocos registasse onde começam as moedas e onde terminam. Seria, sem dúvida, uma transação anónima.

É de facto um pouco arriscado. Existe a hipótese de se perderem moedas pelo caminho e, se isso acontecer, não há como recuperá-las.

Se agirmos com precaução e fizermos as nossas pesquisas, estamos a proteger, o máximo possível, os nosso bens. Há quem diga que, arranjar um intermediário para efetuar transações, seria eliminar os fundamentos da bitcoin. Na realidade, é visto como uma forma de anonimizar ainda mais um serviço que tem o anonimato como princípio central.

Fungibilidade

O anonimato e a rastreabilidade podem não parecer muito importantes para a maior parte das pessoas. O que interessa se alguém vê as nossas transações? É algo normal e tudo o que fazemos está dentro da legalidade. Não tem interesse.

No entanto, existe uma questão mais importante. Designa-se por fungibilidade de uma moeda. Esta mede o valor negociável da moeda, independentemente do histórico. Não importa para que efeito a moeda tenha sido usada antes. Deve ainda ser útil agora.

Por exemplo, quando pagamos algo em dinheiro, o funcionário de caixa não inspeciona as contas e nem pergunta qual é a origem do dinheiro. É, deste modo, fungível. É valioso, independentemente de sua história.

O desafio para a bitcoin é a rastreabilidade poder limitar a fungibilidade. Se suspeitarmos que o valor que nos estiverem a enviar está relacionado com um crime ou algo ilícito, podemos optar por não aceitar mesmo não tendo feito nada de errado, as nossas moedas agora perdem o seu valor.

As misturadoras de moedas e outros serviços, tornam a bitcoin mais fungível obscurecendo a proveniência da moeda. A rastreabilidade e o anonimato são importantes, mesmo se formos um utilizador comum.

O Roteador de Cebola (TOR)

Se realmente desejarmos permanecer anónimos, sempre existe a opção de adicionar uma camada extra de encriptação através de algo designado por roteador de cebola. É um assunto que tem surgido nas notícias nos últimos anos, mas não é tão desonesto quanto parece.

Por que motivo é conhecido?
Vale a pena referir algo que foi desagradável no que diz respeito a navegar na Internet anonimamente. O roteador de cebola, ou TOR, ganhou destaque em 2013 quando um site de venda de drogas conhecido como The Silk Road foi invadido e encerrado. Os visitantes só podiam aceder ao site através do TOR, mas, devido a erros do proprietário, acabou por ser rastreado e infiltrado.

O proprietário foi condenado a prisão perpétua sem liberdade condicional, e o FBI relatou que 144.000 bitcoins da empresa foram apreendidos. Neste exato momento equivale a mais de 400 milhões de dólares americanos.

Mais sobre o TOR

O que é o TOR? A tecnologia foi desenvolvida em meados dos anos 90 pelo Laboratório de Pesquisa Naval dos EUA, para permitir que os Serviço de Informações de Segurança tivessem acesso online às suas informações. Em 2002, depois de o código ter sido divulgado ao público, dois cientistas da computação usaram a tecnologia para criar o TOR, um navegador totalmente gratuito que torna quase impossível rastrear o tráfego online.

A versão mais básica é a seguinte – os dados são encriptados em várias camadas e enviados para vários nós diferentes, cada um a descodificar uma pequena parte da informação. Quando as informações chegam, foram já encriptadas e desencriptadas de maneira a parecer que não vieram de lado nenhum. Parece uma boa ideia se desejarmos permanecer anónimos, certo?

Se formos utilizadores da bitcoin, significa que podemos aceder às nossas carteiras e plataformas de negociação baseadas na Internet, sem ter nenhum endereço IP associado, que possa ser identificado como nosso. Existem formas de configurar o TOR para que também lide com todo o tráfego que entra e sai do computador, mas este assunto fica para outro momento.

Usar o TOR

Existem duas opções: A opção mais fácil para apenas obtermos o que precisamos e a versão mais difícil para quem realmente conhece o computador.

Como este livro é para ajudar as pessoas a começar o mais rapidamente possível, disponibilizamos o mais fácil.

Honestamente, não poderia ser mais fácil:

1) Aceder a https://torproject.org/ e efetuar o download do pacote do navegador do TOR para o sistema operacional.

2) Abrir o arquivo do download e instalar no destino apropriado.

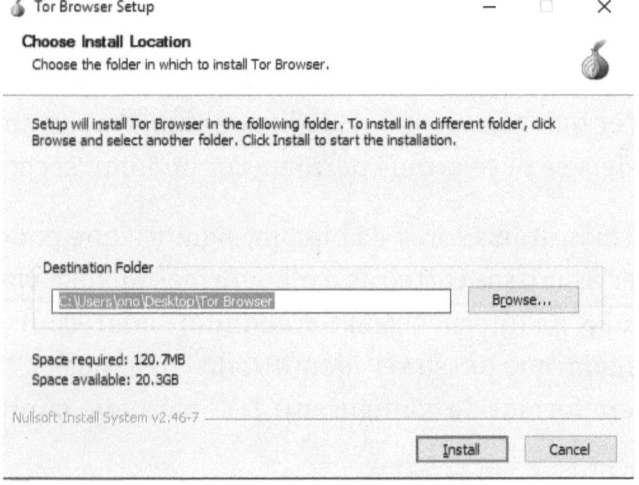

3) Abrir o TOR e verificar se está interligado à rede.

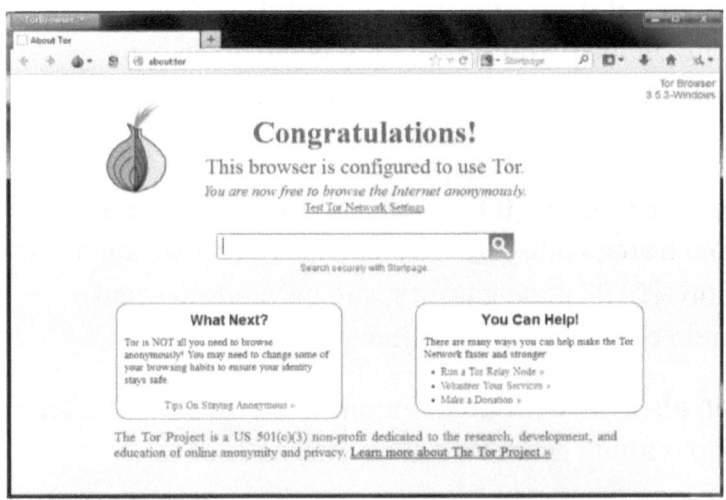

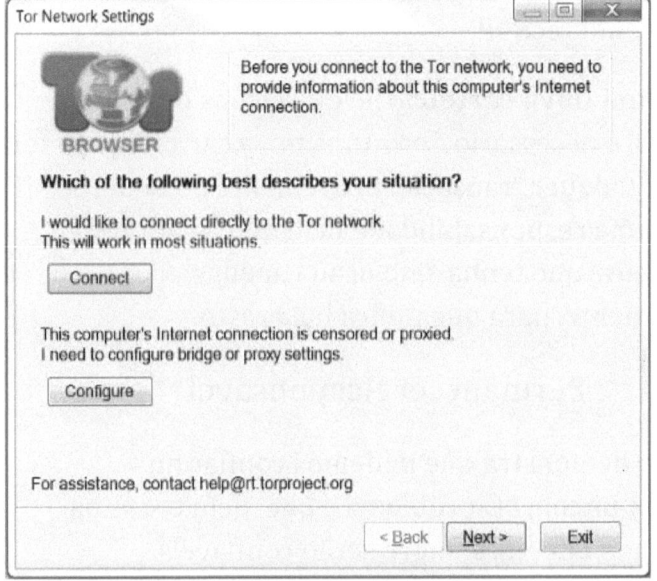

4) Começar a navegar com segurança.

Algumas notas sobre a sua utilização

- **Não instalar *plugins* do navegador:** O TOR, por defeito, bloqueia muitos *plugins* como o Flash, o RealPlayer e outros. Estes e muitos outros *plugins* podem revelar o endereço IP.

- **Utilizar versões HTTPS dos sites:** O TOR encripta todo o tráfego que está a ocorrer na rede, mas apenas o uso do HTTPS pode garantir que permaneça seguro quando chegar ao seu destino.

- **Não abrir downloads:** Enquanto o TOR estiver a ser usado, e ainda estiver ligado à Internet.

Outros arquivos auxiliares, durante o download, podem revelar o endereço IP.

- **Abrir uma nova carteira:** Se quisermos permanecer anónimos, é necessário abrir uma nova carteira para ter certeza. Qualquer transação proveniente do endereço IP nativo é uma responsabilidade pelo que devemos ter uma carteira, que tenha sido usada apenas anonimamente, para que nunca haja rasto.

Permanecer Responsável

Tudo isso demonstra que podemos confiar na tecnologia Bitcoin? O problema é que, nem todos na comunidade bitcoin, sempre serão confiáveis.

Segurança Bitcoin

Houve alguns casos de pessoas que perderam bitcoins, mas nenhum desses casos teve relacionado com a rede em si. No futuro, quase de certeza que continuará a ser deste modo. Quando os problemas acontecem, a culpa é dos serviços criados na rede, como câmbios, por exemplo.

Isto ocorre porque esta moeda é descentralizada e, portanto, não há como piratear. Se entendermos o que foi abordado neste capítulo, podemos garantir a segurança da tecnologia de rede mais segura que já existiu.

No entanto, ainda não terminámos, pois ainda existem algumas dicas e algumas histórias muito interessantes, que vão ser apresentadas.

A leitura deste livro é o caminho adequado para o mundo da bitcoin.

Capítulo 11. Dicas e Factos Divertidos

De seguida é apresentada um conjunto de dicas para o uso da bitcoin. São as dez melhores dicas que podem garantir a melhor das experiências.

1) Fazer sempre pesquisas

Fazer a quantidade certa de pesquisas é muito importante para ter uma experiência benéfica. Muitas empresas apareceram e desapareceram, levando consigo milhões de dólares, em alguns casos, por falta de conhecimentos suficientes para se conseguirem manter. Use alguns dos recursos sobre os quais falámos e proteja-se.

É quase impossível subestimar a importância de fazer pesquisas com frequência e profundidade. Há muito mais, que não é aqui referido, então depende de si, usar as informações que recebeu e sair para o mundo.

2) Estar longe do Paypal

O PayPal revolucionou completamente a forma como os pagamentos online funcionam. Antes era muito mais difícil enviar pagamentos e, juntamente com esta tecnologia, vieram muitos benefícios, no que diz respeito a compras online. Infelizmente, esses mesmos aspetos tornam o Paypal numa forma difícil de transacionar bitcoins.

A principal delas é a capacidade de ter uma proteção de pagamento líder de mercado. No entanto, pode tornar perigoso os pagamentos em bitcoins. Existem muito poucas plataformas de negociação dispostas a aceitar o PayPal por esse motivo.

Imagine que vende bitcoins a alguém e recebe o pagamento pelo PayPal. Transmite as bitcoins com sucesso e, quando chega a casa, apercebe-se de que solicitaram um reembolso de custos de devolução desse esse pagamento. Podem alegar que simplesmente nunca receberam o que pagou em bitcoins, e o PayPal apoiará, na maior parte dos casos. Isso significa que pode enviar as bitcoins e depois ver o pagamento a voltar à origem, sem grande preocupação com a situação.

Diz-se que o PayPal está a estudar a possibilidade de adicionar um suporte à bitcoin. No entanto, não se sabe quando poderá acontecer. Por enquanto, use o PayPal apenas para pessoas em quem você realmente confia e seja cético em relação a quem exige o PayPal para transações de bitcoin.

3) Não envolver em esquemas Ponzi.

Vamos ser realistas. Sempre houve e sempre haverá muitas pessoas na Internet que lhe querem tirar dinheiro. Os esquemas Ponzi cresceram para tomar conta de alguns cantos da Internet, e agora atingiram a bitcoin.

A ideia é que estamos a dar a uma "empresa" as nossas bitcoins e estes garantem que iremos obter "100% de lucro em cinco dias". Parece ótimo, certo?

Infelizmente, é bom demais para ser verdade. É algo de novo no mundo da bitcoin. Muitas vezes, encontramos malfeitores que pensam que podem obter benefícios. Acreditam que, colocando dinheiro e retirando-o logo de seguida, poderão passar para outro, antes de terminarem a sua jogada.

NÃO PENSE ASSIM!

Os esquemas Ponzi não nos levam a lado nenhum, neste sentido, devemos prestar atenção a qualquer suposta oportunidade de investimento que pareça boa demais.

4) Criar, frequentemente, novas *passwords*

Não seria melhor utilizar sempre a mesma *password* para tudo?

Sim, seria mais fácil.

Usar uma única *password* para todas as contas e perfis é um erro crasso. Para cada carteira, plataforma de negociação ou outra situação qualquer deve ser criada uma *password* totalmente nova, que nunca tenha sido utilizada. É importante não esquecer este conselho.

B

"Se possuir várias carteiras e várias contas, entre no seguinte site *http://LastPass.com.*"

Este site e o *plugin* ajudarão a criar *passwords* únicas que são impossíveis de serem adivinhadas pelos piratas informáticos mesmo usando um ataque de "força bruta". Isto pode garantir proteção mais do que qualquer outra coisa.

Aqui está um exemplo de uma password gerada:

81&0T9G^Ykb7

Será necessário que esta seja anotada ou poderá ser armazenada no *software* do site, mas esta *password* é uma que um pirata informático, levaria anos a decifrar, mesmo que possua grandes capacidades computacionais.

5) Participe na comunidade

Já tentou dizer aos seus amigos que existe uma moeda digital, mas que na realidade não existe? Possivelmente pensaram que estaria louco!

A comunidade Bitcoin é um dos melhores aspetos desta nova tecnologia. Desde o início, que pessoas de todo o mundo se reúnem para falar sobre o que gostam, o que odeiam e o que podem fazer para melhorar o mundo da bitcoin.

Uma das maiores comunidades está no Reddit. Poderá ser encontrado em http://reddit.com/r/bitcoin.

Existem aqui muitas outras comunidades.

De longe, a maior e mais antiga, porém, é a Bitcoin Talk. Pode encontrar em http://bitcointalk.org e juntar-se a milhares de utilizadores que utilizam a recente tecnologia bitcoin.

6) Fazer cópias de segurança

Se estivermos a usar uma carteira de *software* ou *hardware,* ou mesmo se estivermos a usar algo relacionado com a bitcoin, devemos sempre fazer cópias de segurança. As coisas acontecem. Às vezes, o computador que pensámos que duraria uma vida, sofre uma avaria repentina.

Na pior das hipóteses, podemos não conseguir recuperar as nossas informações e outros ficheiros. Isto significa que devemos ter sempre cópias de segurança feitas e, para além disso, garantir que estas estejam em segurança. É importante usar armazenamentos de *hardware* e *software* confiáveis.

7) Pagar taxas razoáveis

Em alguns casos, podemos não pagar taxas pelas transações. Todos gostaríamos de pagar um pouco menos para fazer coisas online, mas a verdade é que são as taxas que fazem com que tudo funcione. Mesmo que, a maior parte das pessoas esteja a minerar, porque acredita na tecnologia, é importante que sejam compensadas pelo seu trabalho. Fizeram um investimento na tecnologia Bitcoin e devem obter um retorno. Certo?

Isto não será necessário por enquanto. Muitas das plataformas de negociação solicitam o pagamento de taxas, e devemos estar mais do que dispostos a fazê-lo. A verdade é que uma moeda sem taxas seria incrivelmente difícil de manter e desenvolver. Faz sentido?

8) Espalhar a palavra

A bitcoin só tem valor porque é utilizada. Assim sendo, é hora de se tornar num daqueles utilizadores que diz a todos o quanto adora a bitcoin.

Ao espalhar a palavra e usar a bitcoin sempre que for possível, estamos a ajudar a fazer crescer a comunidade e a manter o valor a aumentar. Significa também que as moedas valem mais dinheiro, quanto mais crescerem.

Acontece que ao espalharmos a palavra, estamos literalmente, a lucrar.

9) Seguir as notícias

Se está nisto há muito tempo, provavelmente é uma boa ideia acompanhar os eventos atuais. As coisas estão sempre a mudar rapidamente com a bitcoin e, como resultado, é bom saber o que se passa.

Atualmente, existem muitas agências de notícias que cobrem a bitcoin, mas é importante ler também o que os sites reais centrados na bitcoin estão a dizer. Isso ocorre porque eles entrarão em muito mais detalhes com muito menos suposições, uma vez que foram escritos por pessoas que são apenas encarregadas de escrever sobre criptomoedas.

Confira estes sites para se manter atualizado sobre tudo o que acontece no mundo da bitcoin:

-http://bitcoin.com

-http://coindesk.com

-http://coincentral.com

-http://cointelegraph.com

Histórias que devemos conhecer

Todos pensam em ficar ricos. Já todos sonhámos em encontrar algo que vale milhões. Que tal um pesadelo sobre perdemos algo que vale milhões? A bitcoin aumentou, caiu e assistiu a muitas histórias loucas nos últimos anos.

Aqui estão algumas das nossas histórias favoritas sobre a bitcoin.

A Famosa Pizza Bitcoin

Uma das histórias mais famosas que envolveram transações de bitcoin foi a famosa pizza comprada em 2010.

Em meados daquele ano, as bitcoins estavam ao preço de apenas frações de um centavo. A esse preço, 10.000 bitcoins parecia um preço razoável para uma pizza, certo? Isso foi exatamente o que um homem da Flórida chamado Laszlo Hanyecz pensou quando decidiu que comprar pizza com bitcoins seria um empreendimento "interessante".

Conversando com um amigo inglês sobre o assunto, fez um acordo em que lhe enviaria 10.000 bitcoins, se pedisse duas pizzas para ele, da pizaria Papa John's da localidade.

Não era muito naquela altura, mas agora seria uma entrega de pizza no valor aproximado de 3 milhões de dólares.

Muitas pessoas usaram esta história como um exemplo de alguém que cometeu um grande erro de investimento inicial em bitcoin, mas pense assim – se Laszlo tivesse acumulado todas as suas bitcoins, elas não valeriam nada hoje. Isto significa que é preciso usar bitcoins para que estas tenham energia.

O Caso das Bitcoins Esquecidas

Um tema comum, em muitas histórias de Bitcoin, é que, naquela época, cada uma valia centavos. Quantas coisas guardámos que eram realmente baratas?

Há alguns anos, um norueguês chamado Kristoffer Koch aprendeu uma lição. Em 2009, ele gastou 26,60 dólares para comprar 5.000 bitcoins. Estava a trabalhar na sua tese sobre criptografia quando se interessou por esta nova tecnologia.

Não voltou a pensar no assunto. Afinal, eram somente 27 dólares em formato digital. Mas foi fácil relembrar quando o preço disparou em 2013. Nesse momento Kristoffer pensou: "Eu não tinha algo assim?"

Como a bitcoin é demasiado segura, ficou preocupado em não conseguir desencriptar. Felizmente, conseguiu aceder e descobriu que estava 884.000 dólares mais rico.

Depois de sacar um quinto das suas moedas, comprou um apartamento numa das zonas mais ricas de Oslo. Isto aconteceu depois da sua namorada ter pensado que estava a desperdiçar o seu dinheiro com dinheiro falso que viu na Internet.

Já deitou fora milhões de dólares?

Todos nós tivemos discos externos antigos que acabaram por ir parar ao caixote do lixo. Em 2010, um homem estava nos fóruns da bitcoin e encontrou alguém disposto a vender-lhe bitcoins por 1,5 centavo cada.

Ele achou que 25 dólares era apenas um pequeno risco, para poder ganhar. Depois de ler um artigo na WIRED, parecia uma ideia interessante sobre a qual ele queria aprender. Esses 25 dólares deram-lhe cerca de 1.400 bitcoins.

Depois de as deter durante um tempo, colocou as bitcoins numa carteira de armazenamento a frio, enviou para um disco rígido, onde também existiam os seus ficheiros de música, filmes, ficheiros *word* e praticamente tudo aquilo que se guarda num disco externo. O passeio das bitcoins terminou numa pilha de coisas que foram deitadas fora, durante as limpezas. Afinal, na época não valia tanto assim, porquê pensar nisso?

Antes de se lembrar das moedas, o preço já tinha atingido os 2,5 dólares por moeda, o que significa que já tinha perdido cerca de 4.000 dólares.

Mais recentemente, o valor da sua perda subiu para 5 milhões de dólares e continuou a subir.

Como seria de esperar, foi ao aterro procurar o disco externo. Quis acreditar que pudesse encontrar. Pensava ele! Desde essa altura que assumiu o assunto como uma causa perdida. Afirma hoje que gostaria de ser milionário, mas que está feliz com a vida que tem.

Esta certamente não é a única história de alguém que perdeu milhões!

O fundador de *startups* de 15 anos

Um adolescente chamado Erik Finman recebeu da avó 1.000 dólares em 2012. Na época, a bitcoin ainda era um conceito obscuro, mas decidiu que queria investir.

Levou apenas um ano e meio para que o seu investimento se transformasse em 100.000 dólares. Aos 15 anos, ele tornou-se o fundador de uma *startup* conhecida como Botangle.com.

Esse investimento de 1.000 dólares permitiu que iniciasse um serviço de tutoria online, que agora cresceu, é usado por centenas de utilizadores e é onde trabalham mais de 20 funcionários. Os utilizadores podem conversar, por vídeo, com tutores sobre tudo, do francês à dança, e marcar sessões de acordo com a calendarização que melhor se adapte.

De facto, esta inspiração veio da leitura do livro "Without Their Permission", do fundador do Reddit, Alexis Ohanian. Graças à Internet, qualquer pessoa pode fazer o que entender com uma ideia que tenha, e esta moeda digital eliminou algumas barreiras.

Tem estado a pagar a um dos colaboradores em bitcoins e espera que isto espalhe ainda mais a riqueza. Este, com o aumento contínuo do preço, poderá em breve ser proprietário de uma empresa que recompensará os seus funcionários com quantias incríveis de dinheiro, no futuro!

Compreender as histórias em perspetiva

Todas estas histórias fazem-nos desejar ter investido anteriormente, mas o importante é lembrar que ainda há uma quantidade incrível de oportunidades na bitcoin. Só porque não entrámos assim que começou, não significa que não haverá lucro e também não significa que não teremos as mesmas experiências incríveis. Juntar-se à bitcoin é participar numa revolução tecnológica que muito provavelmente mudará a face da tecnologia, da forma como a conhecemos.

Capítulo 12. Conclusão

Aqui está.

Agora já tem um bom entendimento sobre a tecnologia bitcoin. Ou seja, fiz o meu trabalho corretamente.

A questão é – e agora?

Aprofunde o assunto.

Tudo depende daquilo que estamos à procura. O que o fez interessar-se pela bitcoin?

Uma excelente fonte de informação é a Bitcoin Wiki em https://en.bitcoin.it/wiki/Main_Page

Aqui pode encontrar explicações detalhadas sobre quase todos os aspetos da bitcoin. Se está interessado em aprender exatamente como a rede funciona, como se lida com *inputs* ou quer apenas pesquisar o que a última tendência em mineração significa para sua própria plataforma, este é o sítio que deve visitar.

Cada artigo da Wiki tem muitas fontes, o que significa que não precisará de procurar outras informações sobre qualquer tópico que esteja à procura.

Pode encontrar informações através de outras fontes. Confira alguns dos documentários de uma lista que o Coin Desk compilou:

http://coindesk.com/six-bitcoin-documentaries-watch

Deseja tomar conhecimento sobre dados em bruto relacionados com a bitcoin e outras criptomoedas? http://bitcoincharts.com possui alguns gráficos mais detalhados cheios de informação interessante.

Aviso: não é para fracos do coração, é para os nerds das informáticas que andam por aí

COMECE A USAR.
Uma das coisas mais importantes que pode fazer neste momento é começar a usar a bitcoin. Qual é a vantagem de todo este conhecimento que recebeu se não o puser em prática.

Use-o sempre que puder.

- Use nas lojas que aceitarem;

- Devolva empréstimos em bitcoin;

- Dê bitcoins como presente aos amigos;

- Inicie uma conta poupança em bitcoin;

- Pague suas contas em bitcoin;

- Configure uma plataforma de mineração básica, mesmo que apenas use a sua CPU;

Espalhe a palavra usando a moeda, não chega apenas falar.

Cada pessoa, com quem compartilhar, será alguém que está a entrar na rede.

O Futuro da Bitcoin

Há muita especulação a acontecer com a bitcoin. Todos pensam que sabem o que o futuro reserva para esta moeda digital, mas, para sermos sinceros, ninguém sabe ao certo.

O que podemos esperar?

Como acontece com toda a especulação, existem algumas coisas que podemos esperar do mundo da bitcoin e das criptomoedas.

Nova Tecnologia
A bitcoin é ótima num aspeto em particular, é líder da tecnologia avançada.

Podemos ainda apostar que mais avanços tecnológicos acontecerão no futuro. Graças à bitcoin. Estão no horizonte novos dispositivos de segurança, outros usos para a tecnologia de cadeia de blocos, sistemas de pagamento mais fáceis e modelos económicos aprimorados. Graças a esta invenção.

Novas criptomoedas
Novas criptomoedas estão sempre a aparecer, apoiadas na popularidade da bitcoin. Já ouviu falar de algumas delas: Lite-coin, Ethereum, Dogecoin e a lista continua.

Não temos oportunidade para aprofundar tudo isto aqui, mas lembre-se de que muitos deles continuarão a crescer junto com a bitcoin e mais surgirão, de tempos em tempos.

No entanto, há um problema com estas criptomoedas. Muitas podem tornar-se em esquemas de codificadores para ganhar dinheiro. Estes, depois, saem e deixam-nas desaparecer. Será sempre algo a ser observado. Certifique-se de fazer toda a pesquisa possível sobre qualquer outra moeda antes de decidir o que entender.

Conclusão

Pronto para ingressar no mundo da bitcoin? Esperemos que sim.

Fizemos o possível para abranger cada secção da comunidade bitcoin, de forma a eliminar a maior parte da confusão que envolve os primeiros dias de alguém que está a fazer as suas pesquisas.

Há muita informação por aí de muitas fontes diferentes e é fácil envolver-se em cada pequeno detalhe. Esperamos ter conseguido passar a mensagem.

Então lembre-se, use a bitcoin em todos os lugares que puder e mantenha-a segura!

Gostaria de ser o primeiro a dar-lhe as boas-vindas ao mundo da bitcoin! Seja BEM-VIND@!

Sobre o Autor

Alan T. Norman é um hacker orgulhoso, esclarecido e ético da cidade de San Francisco. Terminou a sua Licenciatura em Ciências na Universidade de Stanford. Alan trabalha agora para uma média empresa de tecnologia da informação no coração de São Francisco. Aspira a trabalhar para o governo dos Estados Unidos como um hacker de segurança, mas também adora ensinar sobre o futuro da tecnologia. Alan acredita firmemente que o futuro dependerá dos "nerds" de computadores, tanto ao nível da segurança quanto ao nível do sucesso das empresas e dos futuros empregos. No seu tempo livre, gosta de analisar tudo o que diga respeito ao basquetebol.

Livro Bónus Baleias Bitcoin

Encontra o link para o Livro Bónus abaixo

Link do Livro: http://bit.ly/2LprwpV

OUTRAS OBRAS DO AUTOR

Cryptotrading Pro

https://geni.us/crypto-pt

Cryptocurrency Investing Bible

Blockchain Technology Explained

Hacking: Computer Hacking Beginners Guide

Hacking: How to Make Your Own Keylogger in C++ Programming Language

HACKED: Kali Linux and Wireless Hacking Ultimate Guide

Antes de terminar...

GOSTOU DO LIVRO?
 Se gostou, diga-me deixando uma avaliação no site onde fez o download! As revisões são a força vital dos autores independentes. Se tiver disponibilidade, ficaria muito agradecido se pudesse fazer um comentário sobre o livro e classificar.

Se não gostou do livro, gostaria de saber a sua opinião! Envie um e-mail para alannormanit@gmail.com. Estamos sempre a aprender. No mundo de hoje, um livro não deve estagnar, pode melhorar com o tempo e com o feedback dos leitores.

Aguardo o seu feedback. Ajude este livro a tornar-se útil para todos!